TERRINEN UND PASTETEN FÜR FEINSCHMECKER

Meister Verlag GmbH

INHALT

Neue Welt

Afrika & Naher Osten

GEFÜLLTE PASTETCHEN – 3 X ANDERS

Mittelmeerraum

Terrinen und Pasteten aus aller Welt

Rund um den Erdball wird gerne ausgiebig getafelt. Da gehört es auch dazu, als Vorspeise eines Menüs eine Terrine oder Pastete zu servieren. Es muß dabei nicht unbedingt ein festlicher Anlaß sein.

Nord- & Mitteleuropa

Auch bei Pasteten spielt bei den Briten Fleisch eine übergeordnete Rolle und wird gerne mit Weinbrand und Madeira verfeinert. In Norwegen hingegen schwört man traditionell auf Lachsmousse mit Kaviar, während Deutschland mit einer zarten Möhrenterrine aufwartet. Die Österreicher essen außer Tafelspitz und Kartoffeln mit Vorliebe Gemüse, was der Gemüsegugelhupf aus dem Burgenland unter Beweis stellt.

Osteuropa

In Rußland haben deftige Pasteten aus Fisch und Gemüse eine lange Tradition. Diese werden meist an Sonn- und Feiertagen, die oft noch mit einem Gottesdienst begonnen werden, serviert. Auch die Tschechen lieben den Genuß und zaubern aus Pfifferlingen und Steinpilzen eine aromatische Terrine.

Mittelmeerraum

In den Ländern des Mittelmeerraums, vor allem in Italien und Frankreich, kann es schon passieren, daß man bei einem Ausflug ins Grüne auf eine Gruppe Jäger stößt. Man läßt es sich dort nicht nehmen, die Lie-

Neue Welt

Nach einem erfüllten Arbeitstag läßt man es sich gut gehen und bringt schon einmal etwas Besonderes auf den Tisch. Kulinarisch gibt es dabei so gut wie keine Grenzen, das Angebot reicht von einer Tomatenterrine bis zu edlen Spargeltimbalen.

ben zu Hause mit selbst erlegtem Wild zu verwöhnen. Daraus entstehen dann Kreationen wie das Kaninchenparfait aus dem Roussillon. Aber auch Tintenfische, Gemüse und Käse werden zu Pasteten verarbeitet.

Asien & Ferner Osten

In asiatischen Ländern wird die Landwirtschaft meist noch in mühevoller Handarbeit betrieben. Trotzdem läßt es sich die ländliche Bevölkerung auf keinen Fall nehmen, am Feierabend in der Küche kreativ zu sein. Dort entstehen dann köstliche Gerichte wie Glasnudelpastetchen aus Saigon oder eine mit Ingwer und Chili würzig abgeschmeckte Fischpastete mit Kokosmilch aus Indonesien.

Afrika & Naher Osten

Nach einer langen Reise durch die karge Berglandschaft des Atlasgebirges freut man sich um so mehr, wenn man den Tag mit einem reichhaltigen Gericht, wie einer leckeren Geflügelpastete, die mit Rosinen und Mandelstiften verfeinert wurde, ausklingen lassen kann. Während man in Ghana lieber würziges Lammfleisch als Pastetenfüllung verwendet.

KALBFLEISCH-SCHINKEN-PASTETE

GROSSBRITANNIEN

Kalbfleisch und Schinken werden mit Kräutern und Zitrone pikant verfeinert und mit hartgekochten Eiern unter einer Teighülle versteckt – ein idealer Auftakt für ein Sonntagsmenü.

ZUTATEN

(Für 1 Kastenform, 2 l Inhalt)

- 500 g Mehl
- 200 g Schweineschmalz
- Salz, schwarzer Pfeffer
- 600 g mageres Kalbfleisch
- 400 g gekochter Schinken
- 1 Zwiebel
- 1 TL getrockneter Salbei
- 2 EL gehackte Petersilie
- 30 ml Weinbrand
- 230 ml Geflügelbrühe
- 1 EL Zitronensaft
- 1 EL abgeriebene, unbehandelte Zitronenschale
- 5 hartgekochte Eier
- 3 Blatt weiße Gelatine
- 50 ml Madeira

AUSSERDEM

- Fett für die Form
- Backpapier für die Form
- Mehl zum Bearbeiten
- 1 Eigelb zum Bestreichen

1 Aus Mehl, Schmalz, ½ TL Salz und 150 ml kaltem Wasser einen Teig kneten. Diesen 1 Stunde ruhen lassen. Inzwischen Fleisch waschen, trockentupfen und mit dem Schinken würfeln (siehe Kochtip). Zwiebel schälen, würfeln. Alles mit Salbei, Petersilie, Weinbrand, 30 ml Brühe, Zitronensaft und -schale in einer Schüssel mischen. Dann salzen und pfeffern. Backofen auf 180 °C vorheizen.

Schritt 1

2 Form ausfetten, längs mit einem Streifen Backpapier so auslegen, daß beide Enden überstehen. ⅔ des Teiges auf bemehlter Arbeitsfläche dünn ausrollen, die Form damit auskleiden. Hälfte der Fleischmasse einfüllen. Eier schälen, darauf legen und mit restlicher Masse bedecken. Übrigen Teig ausrollen und in der Mitte einen kleinen Kreis ausschneiden. Teigplatte auf die Füllung legen und Ränder fest andrücken (siehe Kochtip). Pastete mit Eigelb bestreichen. Im Ofen (Gas 2; Umluft 160 °C) 1 Stunde 30 Minuten backen.

Schritt 2

3 Gelatine in kaltem Wasser einweichen. Pastete mit dem Papier aus der Form heben. Gelatine ausdrücken. Übrige Brühe erhitzen und Gelatine darin auflösen. Madeira dazugeben. Mischung in die Deckelöffnung gießen und die Pastete 5 Stunden kalt stellen.

Schritt 3

Zubereiten **1** Std.
Backen **1** Std. **30** Min. Kühlen **5** Std.
Pro Scheibe (14 Scheiben):
348 kcal/1455 kJ;
25 g EW; 16 g F; 26 g KH

TYPISCH BRITISCH

Im Sommer, wenn die jungen Kälber und die Milchkühe auf den Wiesen der Insel weiden, können die Farmer ihre Stallungen instandhalten. Dabei müssen sie aber aufpassen, daß sie nicht von einem Regenschauer überrascht werden. Die größten Chancen, einen trockenen Tag zu erleben, hat man im Mai und Juni.

Kochtip

- Das Kalbfleisch vor dem Kleinschneiden im Tiefkühlfach kurz anfrosten lassen. Dann können Sie die Würfelchen so exakt schneiden wie ein Profi.
- Aus Teigresten können Sie dekorative Formen ausstechen. Dafür den Teig ausrollen und mit einem Messer Blätter ausstechen. Damit die Pastete verzieren.

Serviertip

Reichen Sie zu der Fleischpastete eine Remouladensauce mit Joghurt, Senf, Dill und kleingehackten Gewürzgurken.

Gut gekühltes helles Bier anbieten – es darf auch alkoholfrei sein. Als Aperitif Sherry servieren.

SERVIERTIP Dazu schmeckt gemischter Blattsalat mit einer Kräuter-Vinaigrette besonders lecker.

Ein Gläschen Champagner ist die passende Begleitung für diese edle Pastete.

Britische Geflügelterrine

GROSSBRITANNIEN

Hähnchenbrustfilet wird in weißem Portwein mariniert, mit einer pikant abgeschmeckten Fleischmasse in eine Form geschichtet, im Backofen gegart und danach gut gekühlt serviert.

ZUTATEN

(Für 1 Steingutform, 1 l Inhalt)

- 1 kg Hähnchenbrustfilet
- 40 ml weißer Portwein
- 250 g mageres Schweinefleisch
- 250 g Schweinebauch
- je etwa ¼ TL Selleriesalz, Cayennepfeffer, Currypulver und gemahlenes Piment
- 1 Knoblauchzehe
- 250 g Hühnerleber
- 30 g schwarze Trüffeln (siehe Zutatentip)
- 8 dünne Scheiben fetter Speck

AUSSERDEM

- Salatblätter und Tomatenachtel zum Garnieren

ZUTATENTIP

Statt der etwas kostenspieligen Trüffeln können Sie auch Shiitake-Pilze verwenden.

1 Hähnchenbrustfilet waschen und trockentupfen. 600 g Hähnchenfleisch in Streifen schneiden und mit Portwein in einer flachen Form 20 Minuten marinieren. Schweinefleisch waschen, trockentupfen und mit restlichem Hähnchenfleisch durch die feinste Scheibe des Fleischwolfs in eine Schüssel drehen.

Schritt 1

2 Hähnchenfleisch aus der Marinade nehmen. Durchgedrehte Fleischmasse mit Marinade, Selleriesalz, Cayennepfeffer, Curry und Piment würzen. Knoblauch schälen und durch eine Presse dazudrücken. Hühnerleber waschen, trockentupfen. Mit Trüffeln in Würfel schneiden und unter das Fleisch mischen.

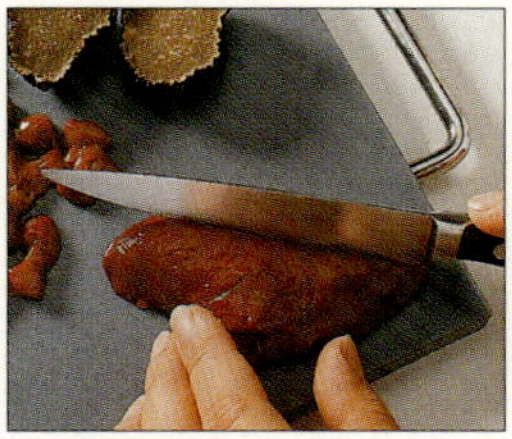

Schritt 2

3 Backofen auf 175 °C vorheizen. Form mit Speck so auslegen, daß er überlappt. Abwechselnd je eine Lage Fleischmasse und Hähnchenstreifen einschichten, bis alles verbraucht ist. Speck darüberklappen.

Schritt 3

4 Form in einen Bräter stellen. Mit heißem Wasser umgießen. Im Ofen (Gas 2; Umluft 150 °C) 2 Stunden im Wasserbad garen. Danach Terrine herausnehmen, mit einem Brett bedecken und 12 Stunden kühlen. Terrine in Scheiben schneiden. Scheiben mit Salatblättern und Tomatenachteln anrichten.

Zubereiten **25** Min.
Marinieren **20** Min. Garen **2** Std.
Kühlen **12** Std.
Pro Scheibe (10 Scheiben):
294 kcal/1230 kJ;
32 g EW; 18 g F; 1 g KH

TYPISCH BRITISCH

Hauptberuflich verdient zwar nur noch etwa ein Prozent der britischen Bevölkerung seinen Lebensunterhalt mit der Landwirtschaft, doch abseits der beengten Ballungsgebiete hat so manche Familie neben einem Gemüsegarten auch noch einen Hühnerstall.

LACHSMOUSSE MIT KAVIAR

NORWEGEN

ZUTATEN

(Für 1 Terrinenform, 1 l Inhalt)

- 1 EL Butter
- 1 EL Mehl
- ¼ l Fischfond
- 4 Blatt weiße Gelatine
- 400 g Räucherlachs
- Salz
- Cayennepfeffer
- 200 g Schlagsahne
- 6 glatte Petersilienblätter
- 25 g Kaviar (siehe Zutatentip)
- Frischhaltefolie für die Form

ZUTATENTIP

In gut sortierten Supermärkten erhalten Sie isländischen Kaviar aus Gapelinrogen, der nicht so teuer wie echter und auch nicht so salzig wie deutscher Kaviar ist.

Eine Vorspeise muß nicht immer aufwendig sein, wie dieses Rezept beweist. Die Lachsmousse ist rasch gezaubert und läßt sich gut vorbereiten – so haben Sie mehr Zeit für Ihre Gäste.

1 Butter erhitzen. Mehl dazugeben und anschwitzen. Mit Fischfond aufgießen. Unter Rühren 5 Minuten kochen. Gelatine 10 Minuten in kaltem Wasser einweichen, ausdrücken und im Fond auflösen, abkühlen lassen.

2 Etwa 300 g Lachs in Stücke schneiden. Mit dem Fond pürieren (siehe Kochtip). Alles mit Salz und Cayennepfeffer abschmekken und kühl stellen. Wenn die Mousse zu gelieren beginnt, die Sahne steif schlagen. Mit einem Schneebesen zuerst ⅓ der Sahne unter die Mousse ziehen. Danach die restliche Sahne unterheben.

3 In einem Topf Wasser zum Kochen bringen, die Petersilienblätter kurz hineinhalten, abschrecken und trockentupfen. Den übrigen Lachs in Streifen schneiden. Form mit Frischhaltefolie auslegen. Darauf die Petersilienblätter legen. Die Lachsstreifen sternförmig darüberlegen und leicht andrücken.

4 Form zur Hälfte mit Lachsmousse füllen (siehe Kochtip). Kaviar in die Mitte geben. Übrige Mousse darübergeben. Zugedeckt 2 Stunden im Kühlschrank fest werden lassen. Form kurz in heißes Wasser tauchen und die Mousse auf eine Platte stürzen.

Schritt 2

Schritt 3

Schritt 4

Zubereiten **1** Std. Kühlen **2** Std.

Pro Scheibe (8 Scheiben):
245 kcal/1026 kJ;
30 g EW; 13 g F; 2 g KH

TYPISCH NORWEGISCH

Wenn die Lachse im Norden von Norwegen die Flüsse hinaufziehen, um an ihre angestammten Laichplätze zu gelangen, angeln sich zahlreiche Einheimische den edlen Fisch persönlich. Damit die Wildlachsbestände nicht zu sehr dezimiert werden, darf am »Altaelva« erst ab sechs Uhr abends gefischt werden.

Kochtip

- Wer die Lachsmousse besonders fein haben möchte, streicht den pürierten Lachs noch zusätzlich durch ein ganz feines Sieb, z.B. ein Haarsieb.
- Die Fischmasse können Sie auch anstatt in einer großen Terrinenform in 6 Timbale-Förmchen oder auch Schälchen à 150 g Inhalt erstarren lassen.

Serviertip

Stellen Sie zur Räucherlachs-Mousse noch einen Korb mit kleinen Mohn- und Laugenbrötchen bereit.

Weißwein, etwa Chardonnay, schmeckt edel dazu. In Norwegen ist ein Glas Aquavit obligatorisch.

Leberterrine im Speckmantel

Dänemark

Die herzhafte Terrine läßt sich mühelos zubereiten und eignet sich für eine größere Runde. Wenn etwas übrig bleibt, können Sie die Reste ohne weiteres noch einige Tage aufbewahren.

ZUTATEN

(Für 1 Terrinenform, 2 l Inhalt)

- 500 g Schweineleber (siehe Zutatentip)
- 500 g roher fetter Speck
- 5 Schalotten
- 6 Sardellenfilets (siehe Zutatentip)
- 250 g Schlagsahne
- 50 g Mehl
- Salz, weißer Pfeffer
- geriebene Muskatnuß
- 2 Eier

AUSSERDEM

- 300 g roher fetter Speck in dünnen Scheiben
- Alufolie

Zutatentip

- Die Leberterrine schmeckt auch mit Kalbsleber sehr gut.
- Wenn Ihnen das Aroma der Sardellen zu intensiv ist, nehmen Sie nur die Hälfte davon oder lassen sie ganz weg.

1 Leber waschen, trockentupfen, in Stücke schneiden und durch den Fleischwolf drehen. Speck separat durchdrehen. Schalotten schälen und ebenso durch den Fleischwolf drehen. Vom durchgedrehten Speck 2 EL in einer Pfanne zerlassen. Schalotten dazugeben und darin unter Rühren in 5 Minuten glasig werden lassen. Dann abkühlen lassen.

2 Sardellenfilets kalt waschen und mit einer Gabel fein zerdrücken. Mit Leber, Speck, Schalotten, Sahne und Mehl mischen. Masse nach Belieben mit Salz, Pfeffer und Muskat würzen (siehe Kochtip). Eier untermengen.

3 Backofen auf 180 °C vorheizen. Form mit Speckscheiben so auslegen, daß sie an den Rändern überlappen. Lebermasse einfüllen, mit den Speckscheiben bedecken. Form mit Alufolie und mit passendem Deckel verschließen. Terrine in einen Bräter stellen und mit heißem Wasser umgießen (siehe Kochtip). Im Ofen (Gas 2; Umluft 160 °C) 1 Stunde 30 Minuten garen.

4 Die Leberterrine in der Form abkühlen und mindestens 24 Stunden durchziehen lassen. Dann auf eine Platte stürzen und in Scheiben schneiden.

Schritt 1

Schritt 2

Schritt 3

Zubereiten 40 Min.
Garen 1 Std. 30 Min.
Ziehen 24 Std.
Pro Scheibe (14 Scheiben):
560 kcal/2360 kJ;
11 g EW; 55 g F; 5 g KH

Typisch dänisch

Obwohl Dänemark ein moderner Industriestaat ist, dominiert die Landwirtschaft, mehr als anderswo in Europa, das Land. Da der gefangene Fisch hauptsächlich exportiert wird, herrschen in der dänischen Küche herzhafte ländliche Gerichte, wie die Leberterrine im Speckmantel oder auch Schweinekrustenbraten, vor.

KOCHTIP

- Die Lebermasse nur ganz vorsichtig mit den Gewürzen abschmecken, denn die Sardellenfilets und der Speck sind bereits sehr salzig.
- Gießen Sie reichlich heißes Wasser in den Bräter. Die gefüllte Form sollte stets etwa bis zur Hälfte im Wasser stehen. Wenn nötig, noch Wasser nachgießen.

SERVIERTIP

Pflaumensaft mit Zimt und Zucker abschmecken und in einem Schälchen mit Dörrpflaumen anrichten.

Zur deftigen Terrine Weizenbier sowie Pils trinken. Sauerkirschsaft und Limonade bereitstellen.

Möhrenterrine mit Brokkoli

Deutschland

Die leichte Möhrenterrine schmeckt besonders apart, weil sie mit Crème fraîche und reichlich Petersilie verfeinert wurde. Zarte Brokkoliröschen setzen zusätzlich schöne Farbakzente.

ZUTATEN

(Für 1 Kastenform, 1 l Inhalt)

- 600 g Möhren
- 250 g Brokkoli
- Salz, weißer Pfeffer
- 1 Bund Petersilie (siehe Zutatentip)
- 150 g Crème fraîche (siehe Zutatentip)
- 9 Blatt weiße Gelatine

AUSSERDEM

- Petersilie zum Garnieren

Zutatentip

- Die Terrine schmeckt auch mit anderen Kräutern, wie Kerbel, Basilikum oder Schnittlauch, sehr gut.
- Statt der Crème fraîche können Sie auch den fettärmeren Schmand verwenden.

1 Das Gemüse waschen und putzen. Die Möhren schälen und in dünne Scheiben schneiden. Den Brokkoli in Röschen teilen. Die Möhren zugedeckt in Salzwasser in etwa 10 Minuten weich garen. Den Brokkoli ebenso zugedeckt in Salzwasser 10 Minuten garen (siehe Kochtip). Das Gemüse in ein Sieb abgießen, abschrecken und abtropfen lassen. Die Petersilie abbrausen, trockenschütteln und ohne die groben Stiele fein hacken.

Schritt 1

2 Möhren mit dem Stabmixer pürieren. Crème fraîche und Petersilie unterrühren. Möhrenpüree mit Salz und Pfeffer würzen. Gelatine 10 Minuten in kaltem Wasser einweichen. Danach ausdrücken, auflösen und unter das Püree mischen (siehe Kochtip).

Schritt 2

3 Die Form kalt ausspülen und die Hälfte des Möhrenpürees hineinfüllen, glattstreichen und die Brokkoliröschen darauf verteilen. Mit dem übrigen Möhrenpüree bedecken, glattstreichen und zugedeckt im Kühlschrank in mindestens 3 Stunden fest werden lassen.

Schritt 3

4 Vor dem Servieren die Form kurz in heißes Wasser tauchen. Terrine stürzen, in Scheiben schneiden. Mit Petersilie garnieren.

Zubereiten **1** Std. Kühlen **3** Std.
Pro Scheibe (4 Scheiben):
232 kcal/971 kJ;
10 g EW; 16 g F; 12 g KH

Typisch deutsch

In Deutschland gewinnt der biologische Anbau von Gemüse langsam aber stetig immer mehr an Bedeutung. Die Produkte der Bio-Bauern sind meist kleiner und geschmacklich intensiver. Sie eignen sich deswegen besonders gut für so einfache vegetarische Gerichte, wie die Möhrenterrine mit Brokkoli.

KOCHTIP

- Der Brokkoli sollte noch bißfest sein, deshalb nicht zu lange kochen und eventuell die Garzeit verkürzen.
- Bevor Sie die Gelatine unter das Möhrenpüree mischen, muß sie sich aufgelöst haben. Das gelingt am besten, wenn Sie die Gelatine nur etwas ausdrücken und in einem Topf leicht erwärmen.

SERVIERTIP

Je 2 Scheiben von der Terrine auf einem Teller anrichten. Mit einer Kresse-Schaum-Sauce servieren.

Dazu schmeckt ein trockener Weißwein, etwa ein Gutedel oder ein Silvaner, vorzüglich.

GEMÜSEGUGELHUPF AUS DEM BURGENLAND

ÖSTERREICH

Knackiges Gemüse wird mit Champignons, Parmesan und Paprikapulver mild verfeinert und in einer Gugelhupfform gegart. Auch Gemüsemuffel werden Sie damit begeistern.

ZUTATEN

(Für 1 Gugelhupfform, 2 l Inhalt)

- 150 g Möhren
- 150 g Knollensellerie
- 300 g Blumenkohlröschen
- Salz, weißer Pfeffer
- 150 g Tiefkühl-Erbsen
- 150 g Champignons (siehe Zutatentip)
- 50 g Butter
- 2 EL Mehl
- 200 ml Milch
- 4 Eier
- edelsüßes Paprikapulver
- geriebene Muskatnuß
- 50 g geriebener Parmesan

AUSSERDEM

- Fett für die Form

ZUTATENTIP

Weiße Champignons eignen sich für diesen Gugelhupf besonders gut. Kaufen Sie nur frische Pilze. Die Köpfe sollten fest und geschlossen sein.

1 Möhren und Sellerie waschen, putzen, schälen und kleinwürfeln. Blumenkohl waschen. In einem Topf Salzwasser zum Kochen bringen und Gemüse darin etwa 5 Minuten garen, Erbsen erst nach 2 Minuten dazugeben. Gemüse in ein Sieb abgießen und abkühlen lassen. Pilze putzen und in Scheiben schneiden.

Schritt 1

2 Butter in einem Topf erhitzen. Mehl darin anschwitzen. Milch mit einem Schneebesen einrühren. Pilze hinzufügen und alles 10 Minuten bei schwacher Hitze köcheln lassen. Pürieren und etwas abkühlen lassen.

Schritt 3

3 Die Eier trennen. Die Eigelbe nacheinander in die Sauce einrühren. Das Gemüse untermischen. Mit Salz, Pfeffer, Paprika und Muskat würzen. Die Eiweiße steif schlagen. Mit Parmesan unter die Gemüsemasse ziehen.

Schritt 4

4 Den Backofen auf 180 °C vorheizen. Die Form ausfetten und die Masse einfüllen. Die Form in einen Bräter stellen und mit heißem Wasser umgießen. Im Ofen (Gas 2; Umluft 160 °C) etwa 1 Stunde 10 Minuten garen (siehe Kochtip). Den Gugelhupf aus dem Ofen nehmen, etwas abkühlen lassen, dann auf eine Platte stürzen und servieren.

Zubereiten **30** Min.
Garen **1** Std. **10** Min.
Pro Scheibe (16 Scheiben):
86 kcal/360 kJ;
5 g EW; 6 g F; 3 g KH

TYPISCH ÖSTERREICHISCH

Das Salzburger Land ist bekannt für seine Viehzucht in Form der Almwirtschaft. Die aromatischen Kräuter geben der Milch und den Milchprodukten einen besonders würzigen Geschmack. Es ist also kein Wunder, daß Milch, Käse und Butter in der österreichischen Küche so beliebt sind und oft verwendet werden.

KOCHTIP

• Prüfen Sie mit einem spitzen Messer nach etwa 55 Minuten Garzeit, ob der Gugelhupf schon fertig ist. Beim Herausziehen darf nichts an dem Messer kleben bleiben. Eventuell noch 10-15 Minuten weitergaren.

• Der Gugelhupf kann auch mit übriggebliebenem Gemüse vom Vortag zubereitet werden.

SERVIERTIP

Nach der Gemüsevorspeise schmeckt knuspriger Schweinebauch mit einer Dörrobstfüllung und Dillkartoffeln.

Ein weißer Heuriger oder Federweißer bietet sich als frisch-fruchtiger Begleiter zum Gugelhupf an.

WALDPILZTERRINE PRAGER ART

TSCHECHIEN

In dieser würzigen Terrine werden Egerlinge, Pfifferlinge und die besonders edlen Steinpilze zu einer deftigen Vorspeise kombiniert. Petersilie und Käse verleihen zusätzlichen Geschmack.

ZUTATEN

(Für 1 Steingutform, 1,2 l Inhalt)

- 500 g Egerlinge (siehe Zutatentip)
- Salz, schwarzer Pfeffer
- 100 g Butter
- 300 g Weißbrot
- 3-4 EL Milch
- 250 g kleine Steinpilze
- 250 g Pfifferlinge
- 3-4 EL gehackte Petersilie
- 50 g geriebener Hartkäse
- 1 Ei, 2 Eigelbe

AUSSERDEM

- Fett für die Form
- Alufolie
- Pergamentpapier

ZUTATENTIP

Man kann für die Terrine jede Art von Pilzen verwenden. Ganz edel schmecken frische Morcheln. Trockenpilze sind dafür jedoch ungeeignet.

1 Egerlinge putzen, grob raspeln, in einem Sieb mit Salz bestreuen. Nach 10 Minuten leicht ausdrücken. In einer Pfanne 50 g Butter erhitzen. Pilze darin dünsten, bis die Flüssigkeit verdampft ist. Brot entrinden und in der Milch einweichen. Steinpilze und Pfifferlinge trocken abreiben und würfeln. Übrige Butter in einer Pfanne erhitzen und Steinpilze und Pfifferlinge darin kräftig anbraten (siehe Kochtip). Auf Küchenpapier abtropfen lassen.

Schritt 1

2 Brot ausdrücken. Egerlinge in einer Schüssel mit Brot, Petersilie, Käse, Ei und Eigelben zu einer glatten Masse verrühren. Mit Salz und Pfeffer würzen. Dann die gewürfelten Steinpilze und Pfifferlinge untermengen. Den Backofen auf 175 °C vorheizen.

Schritt 2

3 Form ausfetten. Pilzmasse einfüllen. Mit Alufolie abdecken, in einem Bräter mit heißem Wasser umgießen. Im Ofen (Gas 2; Umluft 150 °C) 1 Stunde 30 Minuten garen.

Schritt 3

4 Terrine herausnehmen. Folie entfernen. Terrine mit Pergamentpapier bedecken. Ein Brett darauf legen. Terrine 6 Stunden in den Kühlschrank stellen. Danach Form kurz in heißes Wasser tauchen. Terrine auf eine Platte stürzen und in Scheiben schneiden.

Zubereiten 30 Min.
Garen 1 Std. 30 Min. Kühlen 6 Std.
Pro Scheibe (8 Scheiben):
281 kcal/1176 kJ;
10 g EW; 17 g F; 22 g KH

TYPISCH TSCHECHISCH

Böhmen ist von waldreichen Mittelgebirgen umgeben. In diesen finden sich noch Waldpilze in großer Anzahl, und man geht dort gerne sammeln. Der schon klassische Ausflug »in die Pilze« verspricht nicht nur eine leckere Mahlzeit, sondern läßt auch Freunde und Familien wieder etwas näher zusammenrücken.

KOCHTIP

Damit die gewürfelten Steinpilze und Pfifferlinge beim Anbraten viel Aroma entwickeln, muß das Fett richtig heiß sein. Eventuell noch zusätzlich 1 EL Öl zur Butter hinzufügen, sie bräunt dann nicht so leicht. Geben Sie nie zu viele Pilze auf einmal in die Pfanne, sondern braten Sie sie stets portionsweise an.

SERVIERTIP

Zur Pilzterrine unbedingt eine cremige Sauce aus Waldpreiselbeeren mit Crème fraîche oder Schlagsahne servieren.

Zur Pastete eine spritzige Weißweinschorle reichen oder ein herbes Pils trinken.

SERVIERTIP Stellen Sie – wie in Rußland – saure Sahne und Gurkensalat mit viel frischem Dill dazu.

Ein weißer Krimsekt oder ein Schwarztee mit Zitrone schmeckt ausgezeichnet zur Kohlpastete.

*R*USSISCHE KOHLPASTETE

RUSSLAND

ZUTATEN
(Für 1 Springform, 26 cm Ø)

- 300 g Mehl
- Salz, schwarzer Pfeffer
- 200 g Butter
- 1 Weißkohl (etwa 1 kg; siehe Zutatentip)
- 3 Zwiebeln
- 2 hartgekochte Eier
- 50 g Butter
- 1 TL Kümmel
- ⅛ l Gemüsebrühe
- 4 EL gehackte Petersilie

AUSSERDEM

- Frischhaltefolie
- Fett für die Form
- Mehl zum Bearbeiten

ZUTATENTIP
Wer es sehr herzhaft mag, kann diese Pastete auch mit Sauerkraut anstelle von frischem Kohl zubereiten. Dann statt der Eier 100 g gewürfelten Räucherspeck zufügen.

Dieses Rezept zeigt, daß Weißkohl sich nicht nur als Zutat für Eintöpfe, sondern auch als Pastetenfüllung sehen lassen kann. Der Kümmel macht die Pastetenfüllung besser bekömmlich.

1 Mehl mit ½ TL Salz und Butter verkneten, dabei 4-6 EL kaltes Wasser hinzufügen, so daß ein glatter Teig entsteht. In Frischhaltefolie wickeln. 1 Stunde kühl stellen.

Schritt 2

2 Inzwischen den Kohl vierteln und den Strunk entfernen. Den Kohl in reichlich Salzwasser 10 Minuten garen. In ein Sieb abgießen, abtropfen lassen und in Streifen schneiden. Die Zwiebeln schälen und würfeln. Die Eier schälen und würfeln.

Schritt 3

3 Butter in einem Topf erhitzen. Zwiebeln darin glasig werden lassen. Kohl, Kümmel und Brühe dazugeben und zugedeckt etwa 45 Minuten schmoren lassen. Danach die Garflüssigkeit offen vollständig verdampfen lassen. Kohl abkühlen lassen. Abgekühlte Kohlmasse mit Eiern und Petersilie vermischen und mit Salz und Pfeffer würzen.

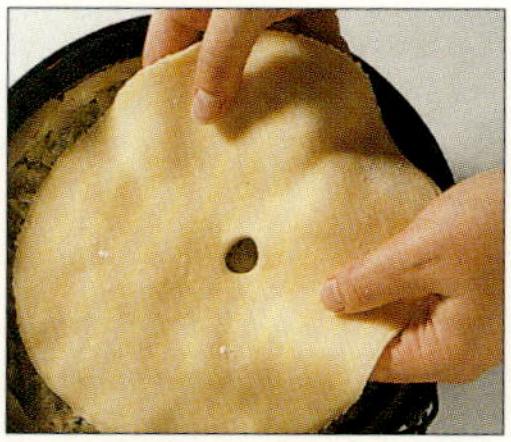

Schritt 4

4 Backofen auf 200 °C vorheizen. Form ausfetten. Auf bemehlter Arbeitsfläche ⅔ Teig ausrollen. Form damit auslegen. Kohlmasse einfüllen. Übrigen Teig ausrollen und in der Mitte einen kleinen Kreis ausstechen. Teigplatte auf die Füllung legen und festdrücken. Im Ofen (Gas 3; Umluft 180 °C) in etwa 35 Minuten goldbraun backen.

Zubereiten **2** Std. Backen **35** Min.
Pro Stück (6 Stücke):
562 kcal/2351 kJ;
11 g EW; 38 g F; 44 g KH

TYPISCH RUSSISCH
Für Rußland ist Kohl schon immer ein Segen gewesen, denn auch in dem rauhen östlichen Klima gedeihen die robusten Köpfe sehr gut und versorgen die Bevölkerung im Winter mit lebenswichtigen Vitaminen und Mineralstoffen – egal ob frisch oder als Sauerkraut.

Fischterrine »Donkosaken«

Russland

ZUTATEN

(Für 1 Terrinenform, 1 l Inhalt)

- 400 ml Fischfond
- ¼ l trockener Weißwein
- 10 weiße Pfefferkörner
- 3 Wacholderbeeren
- 1 Gewürznelke
- 1 Lorbeerblatt
- Salz
- 500 g Fischfilet (Rotbarsch, Kabeljau, Schellfisch; siehe Zutatentip)
- 6 Blatt weiße Gelatine
- etwa 1 EL Weißweinessig
- 3 mittelgroße Möhren
- 2 hartgekochte, geschälte Eier
- 4 Gewürzgurken
- Petersilie zum Garnieren

Zutatentip

Sollten Sie keinen frischen Fisch erhalten, können Sie auch verschiedene Tiefkühl-Fischfilets verwenden.

Fischterrine paßt zu jedem Anlaß. Sie mundet als Hauptgericht mit knusprig gebratenen Kartoffeln oder kann als appetitanregende Einstimmung auf den Hauptgang serviert werden.

1 Fond mit Wein, ¼ l Wasser, Pfefferkörnern, Wacholderbeeren, Nelke, Lorbeerblatt und ½ TL Salz in einem Topf 20 Minuten kochen lassen. Fischfilets waschen, große Stücke halbieren (siehe Kochtip) und in den kochenden Sud legen. Bei schwacher Hitze 5-10 Minuten gar ziehen lassen, dann im Sud erkalten lassen. Mit einer Schaumkelle herausheben.

Schritt 1

2 Gelatine 10 Minuten in kaltem Wasser einweichen. Fischsud durch ein Haarsieb passieren, nochmals erhitzen und auf ¼ l einkochen. Gelatine ausdrücken und darin auflösen. Mit Salz und Essig würzen, kalt stellen.

Schritt 3

3 In einem Topf etwas Wasser zum Kochen bringen. Möhren putzen, schälen, längs vierteln und darin garen. Eier und Gurken in Scheiben schneiden. Sobald der Sud zu gelieren beginnt, etwas davon in die Form gießen und 10 Minuten in den Kühlschrank stellen.

Schritt 3

4 Formboden mit einigen Eierscheiben auslegen. Abwechselnd 1 Lage Möhren, Gurken, Ei und Fisch einschichten. Mit etwas Sud begießen, 20 Minuten kalt stellen. Übrige Zutaten einschichten. Terrine 2 Stunden kühl stellen. Terrine stürzen, in Scheiben schneiden, mit Petersilie garnieren und servieren.

Zubereiten **1** Std. **30** Min.
Kühlen **2** Std.
Pro Scheibe (8 Scheiben):
90 kcal/377 kJ;
15 g EW; 2 g F; 3 g KH

Typisch russisch

Nach den Lehren der russisch-orthodoxen Kirche darf während der Fastenzeit natürlich kein Fleisch verzehrt werden. In dieser Zeit hat bei strenggläubigen Russen Fisch Hochkonjunktur. Die Fischer müssen dann oft zur See, um die Nachfrage der Kundschaft zu befriedigen. Viel Zeit für ein Sonnenbad bleibt da nicht mehr.

Kochtip

- Achten Sie darauf, daß sich im Fischfilet keine Gräten verbergen. Wenn doch, dann lassen sie sich nach dem Kochen leicht mit einer Pinzette entfernen.
- Die Terrine können Sie auch schon mehrere Tage vorher zubereiten. Mit Frischhaltefolie zugedeckt, hält sie sich im Kühlschrank problemlos 2-3 Tage.

Serviertip

Bratkartoffeln sind die klassische Beilage zu dieser Fischterrine. Zum Schluß noch getrocknete Kräuter darüberstreuen.

Stilecht: ein Gläschen eisgekühlter Wodka oder ein Bier, etwa ein herbes Pils.

SÜLZE 3 x ANDERS

Sie werden staunen, wie unkompliziert die Zubereitung von Sülzen ist. Probieren Sie es doch einfach einmal aus.

GELEE-GRUNDREZEPT

Die einfache Geleemasse kann im Nu zu den herrlichsten Sülzen weiterverarbeitet werden.

(FÜR 6 PORTIONEN)

- **6 Blatt weiße Gelatine**
- **¼ l Gemüsebrühe**
- **Salz, weißer Pfeffer**
- **1 EL Zitronensaft**
- **200 g Schlagsahne**

1 Die Gelatine in kaltem Wasser etwa 10 Minuten einweichen. Die Gemüsebrühe in einem Topf erhitzen und mit Salz, Pfeffer und dem Zitronensaft abschmecken. Die Gelatine gut ausdrücken, in die Brühe geben und darin unter ständigem Rühren auflösen. Dann das Gelee kurz abkühlen lassen und in den Kühlschrank stellen.

2 Inzwischen Sahne steif schlagen. Sobald die Flüssigkeit zu gelieren beginnt, Sahne unterheben und alles wieder in den Kühlschrank stellen. Bis zur weiteren Verarbeitung nicht länger als 5 Minuten darin stehen lassen.

TAFELSPITZSÜLZE MIT MEERRETTICH

Zubereiten **30** Min. Kühlen **6** Std.

ÖSTERREICH

(FÜR 1 KASTENFORM, 1,5 L INHALT)

- **200 g Spinat, Salz**
- **300 g gekochter Tafelspitz**
- **200 g gekochte Pökelzunge**
- **40 g geriebener Meerrettich**

3 Den Spinat waschen und putzen. In einem Topf Salzwasser zum Kochen bringen. Spinat darin blanchieren, dann abtropfen lassen. Tafelspitz und Zunge in dünne Scheiben schneiden. Form mit Frischhaltefolie auslegen.

4 Meerrettich unter die Geleemasse ziehen. Etwas Geleemasse in die Form geben und lagenweise Fleisch, Zunge, Spinat und Geleemasse einschichten. Zugedeckt 6 Stunden in den Kühlschrank stellen.

Kartoffelsülze mit Frühlingszwiebeln

Zubereiten **1** Std. Kühlen **4** Std.

Österreich

(Für 6 Förmchen, je 150 ml Inhalt)
- 250 g Kartoffeln
- Salz
- 60 g Schlagsahne
- 4 Frühlingszwiebeln
- 2 EL zerstoßene rote Pfefferkörner

3 Kartoffeln waschen, schälen, kleinschneiden, in Salzwasser in etwa 15 Minuten weich kochen. Herausnehmen und durch die Kartoffelpresse drücken. Sahne untermischen. Frühlingszwiebeln waschen, putzen, in Ringe schneiden.

4 Frühlingszwiebeln in Salzwasser weich kochen, mit dem Püree verrühren und durch ein Sieb streichen. Mit der Geleemasse vermischen, in die Förmchen füllen und 4 Stunden in den Kühlschrank stellen.

5 Förmchen kurz in heißes Wasser tauchen, Sülzen stürzen und mit Pfefferkörnern bestreut servieren.

Gemüsesülze mit Kräutern

Zubereiten **20** Min. Kühlen **6** Std.

Deutschland

(Für 1 Springform, 20 cm Ø)
- je 5 Zweige Kerbel, Majoran und Petersilie
- 300 g gemischtes Tiefkühl-Gemüse

3 Kräuter waschen, trockenschütteln. Blättchen von den Stielen zupfen. Einige beiseite legen, Rest hacken.

4 Gemüse auftauen, fein zerkleinern. Geleemasse halbieren. Unter eine Hälfte das Gemüse mischen und unter die andere Hälfte die Kräuter rühren.

5 Geleemischungen abwechselnd in die Form streichen. Nach jeder Schicht Form kurz in das Tiefkühlfach stellen und die Masse leicht anfrosten lassen.

6 Torte 6 Stunden in den Kühlschrank stellen. Zum Servieren Rand abnehmen. Torte auf eine Platte setzen, mit Kräutern garnieren.

GLASNUDELPASTETCHEN AUS SAIGON

VIETNAM

Die vietnamesische Küche überrascht stets mit neuen Kreationen: Hackfleisch, Glasnudeln und Pilze werden zu Pastetchen verarbeitet. Asiatische Gewürze sorgen für die nötige Schärfe.

ZUTATEN

(Für 4 ovale, feuerfeste Formen, je 150 ml Inhalt)

- 20 g Glasnudeln
- 10 g Mu-Err-Pilze
- 1 kleine Zwiebel
- 2 Knoblauchzehen
- 2 Zweige Koriander
- 1 kleine rote Chilischote
- 250 g Rinderhackfleisch
- 1 EL Hoisinsauce (siehe Zutatentip)
- 1 Ei
- Salz, schwarzer Pfeffer
- Zucker

AUSSERDEM

- Öl für die Förmchen
- 3 Frühlingszwiebeln
- 2 EL Sesamöl

ZUTATENTIP

Hoisinsauce gibt es im Asienladen und in Feinkostgeschäften. Die süß-scharfe Sauce besteht aus Sojabohnen, Knoblauch und Gewürzen.

1 Die Nudeln und die Pilze in heißem Wasser 15 Minuten einweichen. Dann in ein Sieb abgießen, abtropfen lassen und hacken. Die Zwiebel und den Knoblauch schälen und kleinwürfeln. Den Koriander abbrausen und trockenschütteln. Die Blättchen abzupfen und ohne grobe Stiele fein hacken. Die Chilischote halbieren, von Stielansatz sowie Samensträngen befreien, waschen und kleinwürfeln.

Schritt 1

2 Das Fleisch mit Nudeln, Pilzen, Zwiebel, Knoblauch, Koriander, Chili, Hoisinsauce und dem Ei in einer Schüssel zu einer glatten Masse vermengen. Nach Belieben mit Salz, Pfeffer und Zucker würzen.

Schritt 2

3 Förmchen ausfetten. Fleischmasse einfüllen und glattstreichen. Förmchen in einen ovalen Bräter setzen und 4 cm hoch mit heißem Wasser umgießen (siehe Kochtip). Wasser zum Kochen bringen. Alles zugedeckt bei mittlerer Hitze 20-25 Minuten garen.

Schritt 3

4 Die Pastetchen herausnehmen und etwas abkühlen lassen. Von den Frühlingszwiebeln die Wurzeln und das dunkelgrüne Ende entfernen, waschen und in Ringe schneiden. Pastetchen auf Teller stürzen. Mit Sesamöl beträufeln und mit Frühlingszwiebeln garnieren.

Zubereiten **20** Min. Garen **25** Min.
Pro Portion (4 Portionen):
213 kcal/891 kJ;
16 g EW; 13 g F; 8 g KH

TYPISCH VIETNAMESISCH

»Bun tâu« heißen die Glasnudeln in Vietnam. Sie werden meistens noch in kleinen Handwerksbetrieben hergestellt. Der Teig aus Mungobohnenmehl wird in Knetmaschinen zubereitet und auch meist maschinell ausgerollt. Anschließend werden die Nudeln zum Trocknen aufgehängt, portioniert und verpackt.

Kochtip

Noch leichter und schneller gelingen die Pastetchen in einem Topf mit Dämpfaufsatz. Nicht nur für Fans der asiatischen Küche lohnt sich die Anschaffung. Auch andere Lebensmittel, wie Fisch, Gemüse und Kartoffeln, lassen sich besonders fettarm, vitamin- und aromaschonend darin garen.

Serviertip

Vorweg können Sie eine Nudelsuppe mit Fisch servieren. Diese mit Ingwer verfeinern und mit Petersilie garnieren.

Kenner trinken zu den Pastetchen Reiswein oder Jasmintee. Ein Bier mundet aber ebenso.

FISCHPASTETE MIT KOKOSMILCH

INDONESIEN

Frischer Ingwer, Kokosmilch, Chilischote und Zitronengras geben hier geschmacklich den Ton an und geben mit den Fischfilets und den Garnelen eine wunderbare Liaison ein.

ZUTATEN

(Für 1 Kastenform, 1 l Inhalt)

- 1 EL getrocknetes Zitronengras (siehe Zutatentip)
- 400 g Fischfilet (z.B. Seelachs, Rotbarsch, Kabeljau)
- Saft von 1 Limette
- 3 Frühlingszwiebeln
- 2 Knoblauchzehen
- 20 g frische Ingwerwurzel
- 1 kleine rote Chilischote
- 100 ml ungesüßte Kokosmilch
- 1 Eiweiß, 1 TL Salz
- 1 TL Kurkuma
- 300 g gegarte, geschälte Garnelen
- Alufolie
- Öl für die Form

ZUTATENTIP

Das getrocknete Zitronengras können Sie durch 1 Stange frisches ersetzen.

1 Zitronengras 2 Stunden in etwas heißem Wasser einweichen. Den Fisch waschen, trockentupfen, würfeln und mit Limettensaft beträufeln. Die Frühlingszwiebeln von Wurzeln und dem dunkelgrünen Ende befreien und waschen. Hellgrüne Enden in Streifen schneiden. Das Weiße zerkleinern. Knoblauch und Ingwer schälen, würfeln. Chili halbieren, putzen, waschen und kleinschneiden.

Schritt 1

2 Den Fisch mit zerkleinerten Frühlingszwiebeln, Knoblauch, Ingwer, Chili, Kokosmilch, Eiweiß und dem Zitronengras mit dem Stabmixer pürieren. Alles mit Salz und Kurkuma würzen. Den Backofen auf 180 °C vorheizen.

Schritt 2

3 Garnelen waschen, abtropfen lassen und in Scheiben schneiden. Mit den Frühlingszwiebelstreifen unter die Fischmasse ziehen. Form mit Alufolie auskleiden, so daß die Folie überlappt. Danach mit Öl ausfetten. Fischmasse einfüllen und mit Alufolie verschließen. Form in einen Bräter stellen und mit heißem Wasser umgießen. Im Ofen (Gas 2; Umluft 160 °C) etwa 30 Minuten garen. Herausnehmen, etwas abkühlen lassen, dann auf eine Platte stürzen, Folie entfernen und Pastete in Scheiben schneiden.

Schritt 3

Einweichen 2 Std.
Zubereiten 35 Min. Garen 30 Min.
Pro Scheibe (8 Scheiben):
81 kcal/339 kJ;
16 g EW; 1 g F; 2 g KH

TYPISCH INDONESISCH

In den Gewässern um die etwa 17500 Inseln, die den Staat Indonesien bilden, gibt es immernoch einen großen Reichtum an Fischen und Meeresfrüchten. Indonesische Fischer beliefern Feinschmecker in der ganzen Welt mit Garnelen, Krebsen, Hummern und Langusten, um den Lebensunterhalt ihrer Familie zu sichern.

Kochtip

Es sieht sehr dekorativ aus und gelingt ganz leicht, wenn Sie die Pastete portionsweise in Bananenblättern zubereiten. Dazu die Blätter in große Quadrate schneiden, mit der Masse füllen und zu Päckchen formen. Mit Holzspießchen zustecken und im Backofen bei 180 °C etwa 15 Minuten garen.

Serviertip

Sour Cream und mild gewürztes Mangochutney mit Rosinen ergänzen die exotische Fischpastete ausgezeichnet.

Eistee mit Zitronensaft und pürierter Ananas mischen, süßen und mit Mineralwasser auffüllen.

SERVIERTIP Als Dessert einen Kiwi-Erdbeer-Salat reichen. Nach Belieben mit Vanillezucker süßen.

Dazu mundet ein australischer Chardonnay. Als Durstlöscher Apfelsaftschorle anbieten.

SPARGELTIMBALE MIT SALAT

AUSTRALIEN

Im Frühling, wenn es frischen Spargel gibt, sollten Sie daraus diese leckere Vorspeise bereiten. Mit einem Salat aus Flußkrebsen werden die Timbale zu einem kulinarischen Highlight.

ZUTATEN

(Für 4 Timbale-Förmchen)

- 350 g grüner Spargel
- Salz, Cayennepfeffer
- 400 ml Geflügelfond
- 6 Blatt weiße Gelatine
- 100 g Butter
- 1 Msp. Currypulver
- 4 EL Limettensaft
- 200 g Schlagsahne
- 250 g gegartes Flußkrebsfleisch (siehe Zutatentip)
- 1 EL gehackte Minze
- 1 EL gehackte Petersilie
- 5 EL Olivenöl, Zucker

AUSSERDEM

- Fett für die Förmchen
- Minze zum Garnieren

ZUTATENTIP

Das Flußkrebsfleisch sollten Sie bei Ihrem Fischhändler vorbestellen, denn es ist nicht immer vorrätig. Sonst können Sie dafür auch ersatzweise Riesengarnelen verwenden.

1 Spargel waschen. Im unteren Drittel schälen. Die Köpfe abschneiden. In einem Topf Salzwasser zum Kochen bringen, Spargelköpfe darin in 3 Minuten bißfest garen, dann in ein Sieb abgießen. In einem Topf den Fond erhitzen. Spargelstangen quer in 1 cm lange Stücke schneiden. Im Fond in 10 Minuten weich kochen, dann mit einer Schaumkelle herausheben. Fond auf ¼ l einkochen. Gelatine nach Vorschrift einweichen.

Schritt 1

2 Spargelstücke und etwas Fond mit einem Stabmixer pürieren. Gelatine ausdrücken. Im übrigen heißen Fond auflösen. Butter zerlassen. Beides unter das Spargelpüree rühren. Mit Curry und 1 EL Limettensaft würzen. Die Sahne halbsteif schlagen. Wenn die Spargelmasse geliert, Sahne unterheben. Formen ausfetten und Masse einfüllen. Zugedeckt im Kühlschrank in 3 Stunden fest werden lassen.

Schritt 2

3 Flußkrebsfleisch waschen, abtropfen lassen. Übrigen Limettensaft, Minze, Petersilie, Öl, je 1 Prise Zucker, Salz und Cayennepfeffer verrühren. Krebsfleisch unterrühren, kurz ziehen lassen und Spargelköpfe untermischen. Timbale-Förmchen in heißes Wasser tauchen. Auf Teller stürzen. Flußkrebssalat rundum verteilen. Mit Minze garnieren.

Schritt 3

Zubereiten 30 Min. Kühlen 3 Std.
Pro Portion: 627 kcal/2623 kJ; 20 g EW; 59 g F; 4 g KH

TYPISCH AUSTRALISCH

Neben Hummer, Bärenkrebsen und Krabben werden auf dem Fischmarkt in Sydney auch die größten Flußkrebsarten der Welt angeboten. Da diese Arten in Australien beheimatet sind, verwundert es nicht weiter, daß Krebse gerne in der australischen Küche vorkommen.

AMERIKANISCHE PILZTERRINE

USA

Form und Farbe erinnern an einen Hackbraten, doch diese würzige Terrine kommt ganz ohne Fleisch aus. Walnußkerne und Whisky runden das feine Aroma der Pilze perfekt ab.

ZUTATEN

(Für 1 Terrinenform, 1 l Inhalt)

- 30 g getrocknete Steinpilze
- 500 g Champignons
- 100 g Staudensellerie
- 2 Scheiben Weißbrot
- 1 Bund Petersilie
- 2 Knoblauchzehen
- 1 kleine Zwiebel
- 5 EL Butter
- 120 g gehackte Walnußkerne
- 2 Eier, 40 ml Whisky
- ½ TL Pastetengewürz (siehe Zutatentip)
- 100 g Magerquark
- Salz, weißer Pfeffer
- 2 Lorbeerblätter
- Petersilie zum Garnieren

ZUTATENTIP

Das Pastetengewürz können Sie durch je 1 Prise getrockneten Thymian, Piment- und Nelkenpulver ersetzen.

1 Die Steinpilze in eine Schüssel geben und mit lauwarmen Wasser bedecken. Darin 30 Minuten einweichen, dann in ein Sieb abgießen und abtropfen lassen. Die Champignons und den Sellerie waschen, putzen und kleinschneiden. Mit dem Brot und den Steinpilzen durch den Fleischwolf drehen.

Schritt 1

2 Die Petersilie abbrausen, trockenschütteln und ohne die groben Stiele fein hacken. Den Knoblauch und die Zwiebel schälen und kleinwürfeln. 3 EL Butter in einer Pfanne erhitzen. Knoblauch und Zwiebel darin glasig werden lassen. Mit Walnüssen, Eiern, Whisky und Pastetengewürz unter die Pilzmasse mischen. Petersilie und Quark unterziehen. Alles mit Salz und Pfeffer würzen.

Schritt 2

3 Backofen auf 180 °C vorheizen. Form mit 1 EL Butter ausfetten. Pilzmasse einfüllen und glattstreichen. Lorbeerblätter darauf legen und restliche Butter in Flöckchen auf der Terrine verteilen. Mit dem passenden Deckel verschließen (siehe Kochtip). Im Ofen (Gas 2; Umluft 160 °C) 1 Stunde 15 Minuten backen.

Schritt 3

4 Terrine abkühlen lassen und auf eine Platte stürzen (siehe Kochtip). Dann in Scheiben schneiden. Mit Petersilie garnieren.

Zubereiten **45** Min.
Backen **1** Std. **15** Min.
Pro Scheibe (6 Scheiben): 266 kcal/1110 kJ; 12 g EW; 18 g F; 14 g KH

TYPISCH TENNESSEE

Der Bundesstaat Tennessee, im Süden der USA, ist bekannt für seine Whiskyherstellung. Dabei werden in Produktion und Vertrieb noch viele Arbeitsgänge in Handarbeit erledigt, wie das Verladen von Fässern für den Transport. Hier schätzt man Whisky nicht nur pur, sondern auch als aromatische Beigabe in Speisen.

Kochtip

- Wenn Ihre Terrinenform keinen passenden Deckel zum Verschließen hat, können Sie die Terrine mit Alufolie abdecken.
- Lösen Sie die Terrine zuerst mit einem langen Messer am Rand, bevor Sie sie auf die Platte stürzen. Dann behält die Terrine ihre Form und zerfällt nicht.

Serviertip

Einen Waldorfsalat aus Selleriestiften, Ananasstückchen und Walnüssen bereiten. Mit Mayonnaise anmachen.

Kalifornischer Rotwein, etwa ein Zinfandel, harmoniert bestens. Außerdem Orangensaft reichen.

Käsering mit Sellerie

USA

In Amerika ist man bei der Verwendung von Frischkäse sehr erfinderisch und serviert ihn nicht nur als Brotaufstrich – hier wird er mit Gemüse und Gorgonzola zum dekorativen Genuß.

ZUTATEN

(Für 1 Savarinform, 1 l Inhalt)

- 2 Stangen Sellerie
- ½ Fenchelknolle
- Salz, weißer Pfeffer
- 110 g weiche Butter
- 1 kleines Bund Basilikum
- 3 Blatt weiße Gelatine
- 200 g Gorgonzola mit Mascarpone (siehe Zutatentip)
- 400 g Doppelrahmfrischkäse (siehe Zutatentip)
- 1½ EL Limettensaft

AUSSERDEM

- Öl für die Form

ZUTATENTIP

- Wer es pikanter mag, kann statt Gorgonzola den edlen Roquefort verwenden.
- Der Doppelrahmfrischkäse sollte wirklich ganz frisch sein, sonst krümelt er und die Käse-Butter-Masse wird nicht richtig geschmeidig.

1 Sellerie und Fenchel waschen, putzen und kleinschneiden. Blattgrün hacken und beiseite legen. Salzwasser mit 1 TL Butter zum Kochen bringen. Das Gemüse etwa 15 Minuten darin weich garen. Basilikum abbrausen, trockenschütteln und ohne grobe Stiele fein hacken. Gelatine nach Vorschrift einweichen.

Schritt 1

2 Gemüse in ein Sieb abgießen und abtropfen lassen. Noch heiß in einem Gefäß mit dem Stabmixer pürieren und durch ein Sieb streichen. Gelatine ausdrücken. In dem warmen Gemüsepüree auflösen (siehe Kochtip).

Schritt 2

3 Übrige Butter in einer Schüssel mit den Schneebesen des Handrührgeräts schaumig schlagen. Gorgonzola in Stücke schneiden und dazugeben. Alles mit Frischkäse und Gemüsepüree glatt verrühren. Basilikum untermischen. Mit Salz, Pfeffer und Limettensaft würzen. Form ausfetten. Käsemasse hineinfüllen und mindestens 3 Stunden im Kühlschrank fest werden lassen.

4 Form aus dem Kühlschrank nehmen, kurz in heißes Wasser tauchen. Käsering auf eine Platte stürzen. Mit einem in heißes Wasser getauchten Messer aufschneiden. Käsering mit Sellerie- und Fenchelgrün bestreuen.

Schritt 4

Zubereiten 45 Min. Kühlen 3 Std.
Pro Scheibe (16 Scheiben):
185 kcal/775 kJ;
4 g EW; 18 g F; 2 g KH

TYPISCH AMERIKANISCH

In der berühmtesten Konzerthalle Amerikas sind wohl alle großen Sänger von Caruso bis Pavarotti und viele der großen Dirigenten schon einmal aufgetreten. Bevor man in der Carnegie Hall einen Ohrenschmaus genießt, sollte man in Manhattan noch den Gaumen mit einem amerikanischen Dinner verwöhnen.

Kochtip

- Falls das Gemüse nach dem Pürieren nicht mehr warm genug ist, um die Gelatine darin aufzulösen, einfach das Püree in einem Topf nochmals erhitzen.
- Wer mag, kann gleich die doppelte Menge Fenchel und Sellerie kochen und mit Limettensaft sowie Öl beträufelt als Gemüsesalat zum Käsering reichen.

Serviertip

1 Scheibe von dem Frischkäsering mit Birnenspalten, Kiwischeiben und Walnußkernen auf einem Teller anrichten.

Ein Glas Portwein paßt dazu. Sie können aber auch Eiswasser oder ein Colagetränk trinken.

Tomatenterrine »Little Italy«

USA

ZUTATEN

(Für 1 runde Form, 1 l Inhalt)

- 1 kleines Bund Basilikum
- 4 EL Olivenöl
- 600 g Tomaten (siehe Zutatentip)
- Salz, Cayennepfeffer
- 6 Blatt weiße Gelatine
- 2 EL Tomatenmark
- 4 EL Ketchup
- 1 EL Aceto balsamico
- 1 Prise Zucker
- 1 TL gekörnte Gemüsebrühe
- 200 g Schlagsahne

AUSSERDEM

- Öl für die Form
- Basilikumblättchen zum Garnieren

Zutatentip

Nehmen Sie nur vollreife, aromatische Tomaten, die es meist nur in den Sommermonaten gibt. Sonst lieber auf Dosenware zurückgreifen.

Mit sonnengereiften Tomaten zubereitet und direkt aus dem Kühlschrank serviert, schmeckt diese Terrine am besten und ist eine willkommene Erfrischung an heißen Sommertagen.

1 Basilikum abbrausen, trockenschütteln und ohne grobe Stiele hacken. Mit Olivenöl mischen und etwa 4 Stunden ziehen lassen. Tomaten blanchieren, enthäuten, halbieren und mit einem Teelöffel aushöhlen (siehe Kochtip). In einem Sieb mit Salz bestreuen und 1 Stunde Saft ziehen lassen. Den Saft auffangen. Danach die Tomaten ausdrücken.

Schritt 1

2 Gelatine in kaltem Wasser einweichen. Hälfte der Tomaten kleinwürfeln. Übrige Tomaten mit dem Stabmixer pürieren und mit Tomatenmark und Ketchup verrühren. Püree mit Essig, Cayennepfeffer und Zucker würzen. Aufgefangenen Tomatensaft mit Brühe in einem Topf erhitzen. Gelatine ausdrücken und darin auflösen. Flüssigkeit mit dem Tomatenpüree verrühren. Mit Salz würzen.

Schritt 2

3 Form ausölen. Bevor das Tomatenpüree zu gelieren beginnt, soviel davon in die Form gießen, daß der Boden bedeckt ist, erstarren lassen. Tomatenwürfel in das übrige Püree rühren. Sahne halbsteif schlagen und unterziehen. Alles in die Form geben. Zugedeckt im Kühlschrank in 3 Stunden fest werden lassen. Form in heißes Wasser tauchen. Terrine auf eine Platte stürzen. Mit Basilikum garnieren und Basilikumöl darüberträufeln.

Schritt 3

Zubereiten **1** Std. Ziehen **4** Std.
Kühlen **3** Std.

Pro Stück (8 Stücke):
155 kcal/649 kJ;
2 g EW; 15 g F; 3 g KH

Typisch amerikanisch

Erst italienische Einwanderer, die um die Jahrhundertwende nach Amerika kamen, begannen dort mit dem Tomatenanbau in großem Stil, um so ihren Bedarf für traditionelle Gerichte zu decken. Es dauerte nicht lange, bis auch die anderen »neuen« Amerikaner leckere Speisen mit saftigen Tomaten kreierten.

Kochtip

Die Tomaten können Sie am besten enthäuten, wenn Sie die Früchte kreuzweise einschneiden, dann in eine Schüssel geben und mit kochendem Wasser überbrühen. Darin kurz ziehen lassen. Danach die Tomaten aus dem Wasser nehmen und mit kaltem Wasser abschrecken. Nun läßt sich die Haut einfach abziehen.

Serviertip

Geräuchertes Forellenfilet mit 1 Stück Tomatenterrine auf einem Teller anrichten und mit Basilikum garnieren.

Einen Wermut-Cocktail mit Olive oder einen leichten kalifornischen Weißwein dazu trinken.

SERVIERTIP Dazu schmeckt ein Salat aus Orangenfilets, weißen Zwiebelringen und gewürfelten Chilis.

Pfefferminztee oder einen Joghurt-Drink zur Pastete servieren. Zucker sowie Honig bereitstellen.

MAROKKANISCHE GEFLÜGELPASTETE

MAROKKO

Auch bei den Pasteten wird in der orientalischen Küche mit dem Zusammenspiel von Gewürzen, Mandeln und Fleisch experimentiert. Rosinen geben der Füllung eine feine Note.

ZUTATEN
(Für 4 Portionen)

- 100 g Rosinen
- 400 g Tiefkühl-Blätterteig
- 250 g Hühnermägen (siehe Zutatentip)
- 150 g Hühnerleber
- 500 g Putenfleisch aus der Keule
- 1 Scheibe Weißbrot, 1 Ei
- 100 g Mandelstifte
- 1 Döschen Safran
- 1 TL gemahlener Koriander
- ½ TL gemahlener Zimt
- ½ TL gemahlener Kreuzkümmel
- abgeriebene Schale von ½ unbehandelten Zitrone
- Salz, Cayennepfeffer
- Backpapier für das Blech

ZUTATENTIP

Wer das Putzen und Auslösen der Hühnermägen scheut, kann statt dessen etwa 150 g Schinkenwürfel verwenden.

1 Rosinen in warmem Wasser einweichen. Teigplatten auftauen lassen. Hühnermägen und -lebern putzen und waschen. Hühnermägen auslösen. Mit den Hühnerlebern würfeln. Das Putenfleisch durch den Fleischwolf drehen. Das Brot ebenso durch den Fleischwolf drehen. Das Ei trennen. Das Eigelb beiseite stellen. Das Eiweiß mit Putenfleisch in einer Schüssel mischen. Die Hühnermägen und -lebern unter das Putenfleisch mischen.

Schritt 1

2 Backofen auf 180 °C vorheizen. Backblech mit Backpapier auslegen. Rosinen in ein Sieb abgießen und abtropfen lassen. Mit Mandeln, Safran, Koriander, Zimt, Kümmel und Zitronenschale unter die Fleischmasse mengen. Mit Salz und Cayennepfeffer würzen. Blätterteigplatten verkneten und zu einer Kugel formen. Zu einem Kreis von 35 cm Ø ausrollen und auf das Blech legen.

Schritt 2

3 Fleischmasse auf einer Teighälfte verteilen. Einen Rand stehen lassen. Eigelb mit 1 EL Wasser verrühren. Rand damit bestreichen. Andere Teighälfte über die Füllung schlagen. Ränder zusammendrücken. Pastete mit übriger Ei-Wasser-Mischung bestreichen. Im Ofen (Gas 2; Umluft 160 °C) 40 Minuten backen. In Scheiben schneiden und servieren.

Schritt 3

Zubereiten **30** Min. Backen **40** Min.
Pro Portion: 438 kcal/1833 kJ;
31 g EW; 22 g F; 29 g KH

TYPISCH MAROKKANISCH

Die Franzosen bauten während der Kolonialzeit westlich von Marrakesch die »Hivernage«, ihre eigene Villensiedlung mit Gärten, Pavillons und Wasserbassins. Dort konnten sie die Leckereien, die die marokkanische Küche zu bieten hat, mit französischer Eßkultur genießen.

Lammpastete mit Minze

GHANA

Diese Pastete ist genau das richtige für Lammfleisch-Fans. Das Fleisch wird mit Chili, Minze, Knoblauch und Zwiebel würzig abgeschmeckt und bleibt beim Backen wunderbar saftig.

ZUTATEN

(Für 4 Portionen)

- 1 Zwiebel
- 2 Knoblauchzehen
- 1 kleine rote Chilischote
- 4 EL Butter (siehe Zutatentip)
- 300 g Lammhackfleisch
- ⅛ l Fleischbrühe Salz
- 3-4 Zweige Minze, 1 Ei
- 2 Blätter Filloteig (siehe Zutatentip)

AUSSERDEM

- Backpapier für das Blech

ZUTATENTIP

- Noch authentischer wird die Pastete, wenn Sie statt Butter das aromatische, stark orange färbende Palmöl nehmen. Sie finden es in afrikanischen und lateinamerikanischen Geschäften.
- Filloteig erhalten Sie im türkischen oder griechischen Lebensmittelhandel.

1 Zwiebel und Knoblauch schälen und fein hacken. Chilischote halbieren, von Stielansatz sowie Samensträngen befreien, waschen und fein hacken (siehe Kochtip). 2 EL Butter in einer Pfanne erhitzen. Die Zwiebel und den Knoblauch darin glasig werden lassen. Das Hackfleisch dazugeben und unter Rühren krümelig braten. Chilischote hinzufügen.

Schritt 1

2 Wenn alle Flüssigkeit verdampft ist, mit Brühe ablöschen und einkochen lassen. Das am Boden angesetzte Fleisch mit einem Holzkochlöffel ablösen. Salzen und abkühlen lassen. Minze abbrausen, trockentupfen, Blättchen abzupfen und fein hacken. Ei verquirlen. Mit Minze unter das Fleisch mischen (siehe Kochtip). Backofen auf 180 °C vorheizen.

Schritt 2

3 Backblech mit Backpapier auslegen. Auf einem Küchentuch 1 Blatt Filloteig ausbreiten. Übrige Butter zerlassen. Filloteig mit 1 EL davon bestreichen. Zweites Teigblatt darauf legen und Fleischmasse auf dem unteren Drittel verteilen. Dabei einen Rand freilassen. Füllung einrollen. Enden der Rolle nach unten einschlagen. Pastete auf das Blech legen. Mit übriger Butter bestreichen. Im Ofen (Gas 2; Umluft 160 °C) 25 Minuten backen. Die Pastete abkühlen lassen.

Schritt 3

Zubereiten **30** Min. Backen **25** Min.
Pro Portion: 509 kcal/2130 kJ;
19 g EW; 41 g F; 16 g KH

TYPISCH GHANAISCH

Das Lehmhaus ist der typische Baustil bei den Ghanaern, der sich über Jahrtausende bewahrt hat. Gestützt wird die Anlage durch ein Holzgerüst innerhalb der Lehmwände. Mehrere Gebäude schließen immer einen Innenhof ein. In ihm wird nicht nur gekocht, sondern findet auch das ganze soziale Leben der Familie statt.

Kochtip

- Beim Umgang mit Chilis ist Vorsicht geboten, denn die Schoten sind sehr scharf. Nach dem Kleinschneiden der Chilis sofort die Hände waschen und vor allem nicht in den Augen reiben.
- Bevor Sie die gehackte Minze und das Ei unter die Fleischmasse mischen, sollte sie völlig abgekühlt sein.

Serviertip

Als Nachtisch jeweils 1 Kugel Kokossorbet in ein hohes Glas geben und mit Minzeblättchen garniert servieren.

Zur Pastete paßt ein herbes Pils ebenso wie eine durstlöschende Johannisbeerschorle.

GEFÜLLTE PASTETCHEN 3 x ANDERS

Für festliche Anlässe sind Pastetchen einfach ideal – die Füllungen machen wenig Arbeit und schmecken garantiert.

GRUNDREZEPT FÜR WEISSE SAUCE

Mit verschiedenen Ragouts angereichert, wird die Sauce zur delikaten Pasteten-Füllung.

(FÜR 4 PORTIONEN)
- **15 g Butter**
- **20 g Mehl**
- **300 ml Gemüsefond**

1 Die Butter in einem Topf schmelzen. Mehl dazugeben und darin anschwitzen. Etwas erkalten lassen. Fond erhitzen und zur Mehlschwitze geben. Alles unter Rühren aufkochen, dann bei schwacher Hitze etwa 10 Minuten köcheln lassen. Dann die Sauce bis zur Weiterverwendung warm halten.

FLEISCHPASTETCHEN

Zubereiten **45** Min.

ÖSTERREICH

FÜR DAS RAGOUT
- **150 g geputzte Champignons**
- **300 g Kalbfleisch**
- **1 Zwiebel**
- **Salz, weißer Pfeffer**
- **2 EL Butter**
- **100 ml Weißwein**
- **2 EL Schlagsahne**
- **1 TL Zitronensaft**

AUSSERDEM
- **4 Blätterteig-Pastetchen**

2 Pilze und Fleisch würfeln. Zwiebel schälen und fein würfeln. Fleisch mit Salz und Pfeffer würzen. In 1 EL Butter anbraten, dann herausnehmen.

3 Zwiebel und Pilze in übriger Butter dünsten. Wein angießen und einkochen lassen. Weiße Sauce einrühren. Fleisch dazugeben und 10 Minuten köcheln. Ragout mit Sahne, Zitronensaft, Salz und Pfeffer würzen. Pastetchen damit füllen.

Muschelpastetchen

Zubereiten **30** Min.

Frankreich

FÜR DAS RAGOUT

- 8 Tiefkühl-Jakobsmuscheln
- 1 Schalotte
- 1 Knoblauchzehe
- 1 EL Butter
- 1 Msp. Safran
- 50 ml Wermut
- 1 EL Crème fraîche
- Salz, Cayennepfeffer
- 1 TL Weißweinessig

AUSSERDEM

- 4 Blätterteig-Pastetchen

2 Muscheln auftauen lassen und waschen. Roten Teil ablösen und dritteln. Weißes Fleisch würfeln. Schalotte und Knoblauch schälen und kleinwürfeln.

3 Schalotte und Knoblauch in Butter glasig werden lassen. Weißes Fleisch und Safran dazugeben, mitdünsten. Mit Wermut ablöschen und etwas einkochen. Weiße Sauce zufügen. Rotes Fleisch und Crème fraîche dazugeben. Mit Salz, Cayennepfeffer und Essig würzen. In die Pastetchen füllen.

Pilzpastetchen

Zubereiten **30** Min.

Deutschland

FÜR DAS RAGOUT

- 250 g Pfifferlinge
- 75 g Räucherspeck
- 1 kleine Zwiebel
- 2 EL Butter
- Salz, schwarzer Pfeffer
- 50 ml Weißwein
- 1 TL mittelscharfer Senf
- 2 EL Schlagsahne
- 2 EL gehackte Petersilie

AUSSERDEM

- 4 Blätterteig-Pastetchen

2 Pfifferlinge putzen, mit Speck kleinwürfeln. Zwiebel schälen und fein hacken.

3 Butter in einer Pfanne erhitzen. Speck und Zwiebel darin glasig werden lassen. Pilze dazugeben, pfeffern und 5 Minuten mitdünsten. Mit Wein ablöschen, etwas einkochen lassen.

4 Weiße Sauce einrühren. Senf, Sahne und Petersilie hinzufügen und mit Salz und Pfeffer würzen. Das Ragout in die Pastetchen füllen.

TINTENFISCHPASTETE

SPANIEN

Knackiges Gemüse und Tintenfischfleisch wird mit Schinken und Gewürzen in Rotwein gegart, danach mit einem dünnen Teigmantel umgeben und im Backofen knusprig gebacken.

ZUTATEN

(Für 1 feuerfeste Pfanne, 26 cm Ø)

- 300 g Mehl, Salz
- 250 g Butter
- 800 g Tintenfisch-Tuben (siehe Zutatentip)
- 2 Zwiebeln
- 2 Knoblauchzehen
- 4 Tomaten, je 1 rote und gelbe Paprikaschote
- 2 Scheiben roher Schinken
- 4 EL Olivenöl
- weißer Pfeffer
- edelsüßes Paprikapulver
- 150 ml trockener Rotwein
- 1 Bund gehackte Petersilie

AUSSERDEM

- Fett für die Form
- 1 Eigelb zum Bestreichen
- Petersilie zum Garnieren

ZUTATENTIP

Wenn Sie keine frischen Tintenfisch-Tuben bekommen, nehmen Sie tiefgekühlte.

1 Mehl, Salz, Butter und 4-6 EL kaltes Wasser verkneten, so daß ein geschmeidiger Teig entsteht. Zugedeckt 1 Stunde kühlen.

2 Tintenfische waschen, trockentupfen und grob würfeln. Zwiebeln und Knoblauch schälen. Tomaten blanchieren, enthäuten und entkernen. Paprikaschoten halbieren, putzen, waschen und mit Schinken, Zwiebeln, Knoblauch und Tomaten fein würfeln.

3 Öl in einer Pfanne erhitzen. Zwiebel und Knoblauch darin glasig dünsten. Schinken dazugeben und anbraten. Tomaten und Paprikas hinzufügen. Mit Salz, Pfeffer und Paprikapulver würzen und 10 Minuten köcheln lassen. Wein und Tintenfische dazugeben und weitere 20 Minuten garen, bis die Flüssigkeit verdampft ist (siehe Kochtip). Dann die Petersilie untermischen.

4 Backofen auf 200 °C vorheizen. Vom Teig ⅔ rund ausrollen. Eine Pfanne ausfetten. Mit dem Teig auskleiden. Die Fisch-Gemüse-Mischung darauf verteilen. Restlichen Teig in Größe der Form ausrollen, darauf legen und festdrücken. Pastete mit Eigelb bestreichen. Im Ofen (Gas 3; Umluft 180 °C) 25-30 Minuten backen. Mit Petersilie garnieren.

Schritt 2

Schritt 3

Schritt 4

Zubereiten **1** Std. Kühlen **1** Std.
Backen **30** Min.
Pro Stück (8 Stücke):
532 kcal/2226 kJ;
21 g EW; 36 g F; 31 g KH

TYPISCH SPANISCH

Die Entdeckung der Neuen Welt durch die Spanier und Portugiesen brachte nicht nur Gold nach Europa. Die viel größeren Schätze waren eigentlich die neuen Nahrungsmittel. Allen voran Mais, Kartoffeln, Tomaten und Paprika, die in Spanien gut gedeihen und aus der landestypischen Küche nicht wegzudenken sind.

KOCHTIP

Wenn Sie wenig Zeit haben, können Sie die Fisch-Gemüse-Mischung auch im Schnellkochtopf zubereiten. Der Fisch wird dabei im Nu ganz zart und weich und verbindet sich wunderbar mit dem Gemüse. Die Garzeit beträgt 10 Minuten. Zum Schluß die Flüssigkeit offen 5 Minuten einkochen lassen.

SERVIERTIP

Richten Sie je 1 Stück von der Pastete zusammen mit Kopfsalat, Tomatenachteln und Mais auf einem Teller an.

Ein kräftiger Rioja-Rotwein, aber auch ein trockener Cava – spanischer Sekt – harmoniert dazu.

ZIEGENKÄSETERRINE MIT OLIVEN

FRANKREICH

Beim Genuß der köstlichen Käseterrine können Sie so richtig in Urlaubserinnerungen schwelgen. Sie ist für ein Partybüfett oder ein französisches Menü einfach hervorragend geeignet.

ZUTATEN

(Für 1 Terrinenform, 1,5 l Inhalt)

- je 3 gelbe und rote Paprikaschoten (750 g)
- 120 g entsteinte schwarze Oliven (siehe Zutatentip)
- 1 Bund Basilikum
- 500 g Ziegenfrischkäse
- 100 ml Olivenöl
- 2 Knoblauchzehen
- Salz, schwarzer Pfeffer

AUSSERDEM

- Frischhaltefolie
- Salatblätter, rote Paprika, schwarze Oliven und Basilikum zum Garnieren

ZUTATENTIP

Wenn Sie keine entsteinten Oliven bekommen, können Sie die Steine mit einem Kirschentsteiner entfernen.

1 Backofen auf 250 °C vorheizen. Paprikas halbieren, von Stielansatz sowie Samensträngen befreien und waschen. Mit der Haut nach oben auf den Rost im Ofen legen und 20 Minuten (Gas 5; Umluft 230 °C) backen, bis die Haut Blasen wirft. Herausnehmen und mit einem feuchten Küchentuch bedecken.

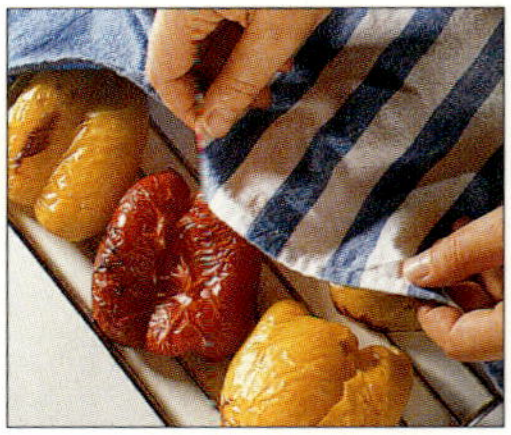

Schritt 1

2 Oliven in Scheiben schneiden. Basilikum abbrausen und trockenschütteln. Blättchen abzupfen und fein hacken. Frischkäse in einer Schüssel mit Öl verrühren (siehe Kochtip). Knoblauch schälen und durch die Presse dazudrücken. Basilikum und Oliven untermischen. Käsemasse mit Salz und Pfeffer würzen. Paprikahälften enthäuten.

Schritt 2

3 Den Boden der Form mit einer Lage Paprikas auslegen. Abwechselnd Käsemasse und übrige Paprikahälften einschichten, dabei mit einer Schicht Paprikas abschließen. Terrine mit Frischhaltefolie bedecken und mit einem passenden Brett abdecken. Im Kühlschrank in etwa 24 Stunden fest werden lassen (siehe Kochtip).

Schritt 2

4 Terrine in Scheiben schneiden und auf Tellern verteilen. Mit Salatblättern, Paprika, Oliven und Basilikum garnieren.

Zubereiten **1** Std. Kühlen **24** Std.

Pro Scheibe (8 Scheiben):
397 kcal/1660 kJ;
13 g EW; 37 g F; 3 g KH

TYPISCH FRANZÖSISCH

Dort wo das Land für andere Tiere zu karg ist, wie in den Bergregionen im Zentralmassiv oder auch auf Korsika, werden Ziegen gehalten, die sehr genügsam sind und dennoch reichlich Milch liefern. Aus ihr stellen die Bauern zahlreiche Käsesorten her, die weit über die Grenzen Frankreichs hinaus beliebt sind.

Kochtip

• Das Öl eßlöffelweise in den Käse träufeln und so lange rühren, bis es vollständig aufgenommen wurde.

• Wenn Sie die Terrine nicht in der Form servieren möchten, sollten Sie die Form zuerst kurz in heißes Wasser tauchen, dann die Form auf eine Platte stürzen und die Terrine in 8 Scheiben schneiden.

Serviertip

Die Terrine zur Abwechslung mit Artischockenherzen, frischen Kapern mit Stiel und Basilikum anrichten.

Die Vorspeise verlangt nach einem leichten Riesling. Es paßt auch ein Glas Sekt oder Weinschorle.

KANINCHENPARFAIT AUS DEM ROUSSILLON

FRANKREICH

Die Auswahl der Zutaten mag zunächst etwas ungewöhnlich erscheinen, doch das Ergebnis ist unschlagbar. Die in Cognac getränkten Pflaumen verleihen dem Parfait das gewisse Etwas.

ZUTATEN

(Für 1 Parfaitform, ½ l Inhalt)

- 100 g Trockenpflaumen ohne Stein
- 20 ml Cognac
- 200 g Crème fraîche
- 300 g ausgelöstes Kaninchenfleisch aus der Keule (siehe Kochtip)
- 2 Eier
- Salz, schwarzer Pfeffer
- 1 EL Dijon-Senf (siehe Zutatentip)
- 30 g geschälte Pistazien (siehe Zutatentip)
- Öl für die Form
- Alufolie

ZUTATENTIP

- Der berühmte Dijon-Senf wird aus schwarzen oder braunen, nicht entölten Senfsamen hergestellt.
- Geschälte Pistazien gibt es im Naturkostladen, Reformhaus oder im Supermarkt.

1 Die Pflaumen in kleine Würfel schneiden. Den Cognac in einen tiefen Teller geben und die Pflaumen darin etwa 2 Stunden zugedeckt marinieren. Die Crème fraîche im Tiefkühlfach 10 Minuten anfrosten lassen.

Schritt 1

2 Kaninchenfleisch kleinschneiden. Eier trennen. Fleisch mit Eiweißen und Crème fraîche mit dem Stabmixer pürieren. Mit Salz, Pfeffer und Senf würzen. Eigelbe, Pistazien und Pflaumen unter die Fleischmasse rühren. Backofen auf 180 °C vorheizen.

Schritt 2

3 Form mit Öl ausfetten. Masse hineinfüllen und glattstreichen. Form mit Alufolie abdecken und in eine flache, feuerfeste Form stellen. Mit heißem Wasser umgießen. Kaninchenparfait im Ofen (Gas 2; Umluft 160 °C) 25-30 Minuten garen. Nach 25 Minuten mit einem spitzen Messer hineinstechen. Bleibt noch Fleischteig daran kleben, noch 5 Minuten weitergaren. Dann aus dem Ofen nehmen und abkühlen lassen.

Schritt 3

4 Vor dem Servieren die Form kurz in heißes Wasser tauchen und das Parfait auf eine große Platte stürzen. Dann in Scheiben schneiden und servieren.

Marinieren 2 Std.
Zubereiten 30 Min.
Garen 30 Min.
Pro Portion (4 Portionen):
516 kcal/2159 kJ;
32 g EW; 36 g F; 16 g KH

TYPISCH SÜDFRANKREICH

Im Süden Frankreichs schätzt man nicht nur das gute Essen, sondern auch den hervorragenden Wein, der obligatorisch fast zu jeder Mahlzeit getrunken wird. Am liebsten natürlich Weine, die aus einem der südfranzösischen Weinanbaugebiete stammen, wie zum Beispiel aus dem Medoc oder aus dem Roussillon.

KOCHTIP

Lassen Sie sich vom Metzger die Knochen und die Abschnitte der ausgelösten Kaninchenkeulen mitgeben. Daraus können Sie eine Bouillon bereiten: mit 1 Bund gewürfeltem Suppengrün, 1 l Wasser, Lorbeer, 1 Zwiebel, ½ TL Salz und Pfefferkörnern 1½ Stunden köcheln lassen. Nochmals würzen und servieren.

SERVIERTIP

Dazu gehört unbedingt geröstetes helles Landbrot. Die Scheiben können Sie in einem Körbchen servieren.

»Kir« aus weißem Burgunder mit Johannisbeerlikör oder einen trockenen Rosé dazu anbieten.

Serviertip 2 EL scharfer Senf, 200 g Johannisbeergelee und ½ TL Essig verrühren und dazu reichen.

Ein Gewürztraminer aus dem Elsaß rundet den Geschmack ab. Zusätzlich Wasser servieren.

LEBERPASTETE AUF PROVENZALISCHE ART

FRANKREICH

ZUTATEN

(Für 1 Kastenform von 1,5 l)

- 200 g Kalbsfilet
- ⅛ l trockener Weißwein
- 400 g Tiefkühl-Blätterteig
- 1 altbackenes Brötchen
- 200 g Entenleber (siehe Zutatentip)
- 1 große Zwiebel
- 1 EL Butter
- 200 g Schweinehackfleisch
- 2 Eier
- ½ TL getrockneter Majoran
- Salz, schwarzer Pfeffer
- 100 g Schlagsahne

AUSSERDEM

- Fett für die Form
- 1 Eigelb

ZUTATENTIP

- Die Entenleber am besten im Geflügelfachgeschäft oder beim Metzger vorbestellen.
- Wer mag, parfümiert den Fleischteig noch mit einem Gläschen Cognac.

In der Provence findet man Pasteten nicht nur auf den Speisekarten von Feinschmeckerlokalen, sie gehören auch zum Standard vieler Hobbyköche – probieren Sie es einmal selbst.

1 Das Filet kalt abbrausen, trockentupfen und in kleine Würfel schneiden. In einer flachen Form mit dem Wein übergießen und darin zugedeckt 24 Stunden marinieren.

2 Am nächsten Tag den Blätterteig auftauen lassen. Das Brötchen in etwas Wasser einweichen. Die Leber kalt abbrausen, trockentupfen und kleinschneiden. Die Zwiebel schälen und fein würfeln. Die Butter in einer Pfanne zerlassen und die Zwiebel darin glasig werden lassen. Leber mit Zwiebel, Hackfleisch, Eiern, Majoran, Kalbfleisch und der Marinade mischen. Brötchen ausdrücken und dazugeben. Mit Salz und Pfeffer würzen. Sahne halbsteif schlagen und unterziehen.

3 Backofen auf 200 °C vorheizen. Form ausfetten, längs mit Backpapier so auslegen, daß beide Seiten überstehen. Blätterteig verkneten und ⅔ Teig davon dünn ausrollen. Form damit auslegen und Seitenränder etwas überlappen lassen. Fleischmasse einfüllen. Ränder darüberschlagen. Übrigen Teig ausrollen, darauf legen und Ränder andrücken. Kleinen Kreis ausstechen. Pastete mit Eigelb bestreichen und im Ofen (Gas 3; Umluft 180 °C) in etwa 1 Stunde goldbraun backen. Herausnehmen und in Scheiben schneiden.

Schritt 1

Schritt 2

Schritt 3

Marinieren **24** Std.
Zubereiten **1** Std.
Backen **1** Std.
Pro Scheibe (10 Scheiben):
370 kcal/1548 kJ;
17 g EW; 26 g F; 17 g KH

TYPISCH FRANZÖSISCH

Die berühmten französischen Schlösser und Burgen gibt es nicht nur an der Loire, sondern auch an der südfranzösischen Lot. In diesen herrschaftlichen Häusern entstanden einst feine Pasteten, die mit wachsendem Wohlstand auch bei den Kleinbürgern Einzug hielten.

MAILÄNDER MÖHRENTIMBALE

ITALIEN

Die luftigen Möhrentimbale erhalten durch die Zugabe von Crème fraîche eine besonders zarte Konsistenz und kommen gemeinsam mit einer köstlichen Kräutersauce auf den Tisch.

ZUTATEN
(Für 4 Timbale-Förmchen)

FÜR DIE TIMBALE

- 600 g Möhren
- 20 g Butter
- 300 ml Gemüsebrühe
- Salz, schwarzer Pfeffer
- 1 Prise geriebene Muskatnuß
- 3 Eier
- 70 g Crème fraîche

FÜR DIE SAUCE

- je 2 Zweige Petersilie, Dill, Kerbel, Zitronenmelisse, Pimpernelle und Estragon
- 60 g Butter
- 1 Schalotte
- ⅛ l Gemüsebrühe
- ⅛ l trockener Weißwein
- 4 EL Crème fraîche

AUSSERDEM

- Butter für die Förmchen
- Pimpernelle zum Garnieren

1 Die Möhren waschen, putzen, schälen und kleinwürfeln. Die Butter in einem Topf erhitzen. Möhren dazugeben, kurz andünsten. Brühe angießen. Alles mit Salz, Pfeffer und Muskat würzen und in 8-10 Minuten weich garen. Inzwischen die Förmchen ausfetten.

2 Backofen auf 200 °C vorheizen. Möhren mit einem Stabmixer fein pürieren. Mit den Eiern und der Crème fraîche verrühren. Masse mit einer Schöpfkelle in die Förmchen füllen. Diese in eine feuerfeste Form stellen und mit Wasser umgießen. Timbale im Wasserbad im Ofen (Gas 3; Umluft 180 °C) in 20-25 Minuten garen (siehe Kochtip).

3 Inzwischen für die Sauce die Kräuter abbrausen und trockenschütteln. Blätter abzupfen, Stiele hacken. 1 EL Butter in einer Pfanne erhitzen. Schalotte schälen, würfeln und darin glasig dünsten. Kräuterstiele dazugeben, Brühe und Wein angießen. Flüssigkeit auf die Hälfte reduzieren. Alles durch ein Sieb passieren, mit Crème fraîche verrühren und noch 3 Minuten kochen lassen. Kräuterblätter und übrige Butter mit einem Schneebesen unter die Sauce schlagen. Etwas Sauce auf Teller geben und Möhren-Timbale darauf stürzen. Mit Pimpernelle garnieren.

Schritt 1

Schritt 2

Schritt 3

Zubereiten **1** Std. **10** Min.

Pro Portion: 385 kcal/1611 kJ;
8 g EW; 35 g F; 10 g KH

TYPISCH ITALIENISCH

Italien ist bekannt für eine Vielzahl von Fachgeschäften, in denen auf die individuellen Wünsche der Kundschaft eingegangen wird. Auch Obst und Gemüse kaufen die qualitätsbewußten Italiener am liebsten vom Gemüsehändler um die Ecke. Dort werden sie beraten und können nebenbei noch etwas plaudern.

Kochtip

Machen Sie nach etwa 20 Minuten Garzeit eine Stäbchenprobe: dafür mit einem Holzstäbchen in die Möhrentimbale stechen. Bleibt daran nichts von der Masse kleben, sind sie fertig. Auf keinen Fall früher aus dem Backofen nehmen, sonst fällt die Masse auseinander, wenn sie die Timbale auf die Teller stürzen.

Serviertip

Oliven, Schinkenröllchen, gegrillte Paprikas und Champignons zusammen mit kleinen Pastetchen dazu anbieten.

Wie wäre es mit einem prickelnden Prosecco oder einem fruchtigen Orvieto zum Essen?

Makkaroni-Brokkoli-Terrine

Italien

Aus Makkaroni und Brokkoli können Sie eine ausgesprochen leckere Terrine zubereiten. Sie wird mit würzigem Emmentaler, frischem Basilikum und Schlagsahne raffiniert verfeinert.

ZUTATEN

(Für 1 Form, 30 cm Länge)

- 250 g Makkaroni
- Salz, weißer Pfeffer
- 1 kg Brokkoli
- 250 g Schlagsahne (siehe Zutatentip)
- 3 Eier
- 1 Bund Basilikum
- 100 g geriebener Emmentaler
- edelsüßes Paprikapulver

AUSSERDEM

- Backpapier für die Form
- 3 EL Kresse zum Garnieren

Zutatentip

Wenn Sie Kalorien sparen möchten, können Sie die Schlagsahne durch Schmand oder saure Sahne ersetzen.

1 Makkaroni nach Packungsanweisung in reichlich kochendem Salzwasser bißfest garen (siehe Kochtip). In ein Sieb abgießen, abtropfen lassen und kalt abschrecken. Eine feuerfeste Form mit Backpapier auslegen.

2 Brokkoli waschen, putzen und in Röschen teilen. In einem Topf Salzwasser zum Kochen bringen. Brokkoli darin 2 Minuten blanchieren, herausheben. Etwa ⅓ davon und die Sahne mit dem Stabmixer pürieren. Eier mit dem Schneebesen unterschlagen.

3 Basilikum abbrausen, trockenschütteln, Blättchen von den Stielen zupfen und fein hacken. Mit dem Emmentaler unter die Brokkoli-Sahne mischen. Die Masse mit Paprikapulver, Salz und Pfeffer würzen.

4 Makkaroni und übrigen Brokkoli abwechselnd in die Form schichten, dabei über die Röschen jeweils etwas Brokkoli-Sahne gießen. Mit Makkaroni abschließen. Mit übriger Sauce begießen. In den kalten Backofen schieben. Bei 180 °C (Gas 2; Umluft 160 °C) 40 Minuten backen. Terrine abkühlen lasssen (siehe Kochtip). Auf eine Platte stürzen. Das Backpapier entfernen. Dann die Terrine in Scheiben schneiden. Mit Kresse garnieren.

Schritt 2

Schritt 3

Schritt 4

Zubereiten 40 Min. Backen 40 Min.

Pro Scheibe (10 Scheiben):
240 kcal/1010 kJ;
10 g EW; 12 g F; 24 g KH

Typisch italienisch

Die italienische Hausfrau auf dem Lande, die ihre Pasta noch selber macht, braucht viel Platz in ihrer Küche, um den Teig richtig dünn ausrollen zu können. Getrocknet werden die fertigen Nudeln meist ebenfalls in der Küche, wo im Kamin ein Feuer knistert und die Familie gemütlich beisammen sitzt.

Kochtip

- Für das Garen von Nudeln benötigt man reichlich Salzwasser, sonst kleben sie zusammen. Man rechnet pro 100 g Nudeln 1 l Wasser.
- Bevor Sie die Terrine auf eine Platte stürzen, muß sie vollständig abgekühlt sein, sonst fällt sie auseinander. Lieber noch etwas in den Kühlschrank stellen.

Serviertip

Als Dessert können Sie verschiedene Melonenspalten auf einem Teller anrichten und gut gekühlt servieren.

Zu der leichten Gemüsevorspeise am besten ein Glas Chianti oder einen Valpolicella trinken.

GRÜNE-BOHNEN-MOUSSAKA

GRIECHENLAND

In Griechenland versteht man es, aus Gemüse die phantasievollsten Gerichte zu bereiten. Hier werden Bohnen, Möhren und Artischockenböden zu einem himmlischen Genuß vereint.

ZUTATEN

(1 Terrinenform, 1 l Inhalt)

- Salz, schwarzer Pfeffer
- 2 Lorbeerblätter
- 250 g Möhren
- 250 g festkochende Kartoffeln (siehe Zutatentip)
- 4 eingelegte Artischockenböden
- 1 Knoblauchzehe
- 500 g Tiefkühl-Bohnen
- 6 Blatt weiße Gelatine
- 100 g Crème fraîche
- 50 g Pinienkerne

AUSSERDEM

- Öl für die Form
- geröstete Pinienkerne zum Garnieren

ZUTATENTIP

Statt Möhren und Kartoffeln eignen sich auch Palerbsen und Zucchini ausgezeichnet für die Bohnen-Moussaka.

1 In einem Topf Salzwasser mit Lorbeerblättern zum Kochen bringen. Möhren und Kartoffeln waschen, schälen, in feine Würfel schneiden und darin etwa 10 Minuten garen (siehe Kochtip). In ein Sieb abgießen. Die Artischockenböden abtropfen lassen.

Schritt 1

2 In einem Topf Salzwasser zum Kochen bringen. Knoblauch schälen und mit Bohnen darin in etwa 20 Minuten garen. Gelatine in kaltem Wasser einweichen. Bohnen in ein Sieb gießen, abtropfen lassen und mit dem Stabmixer glatt pürieren (siehe Kochtip). Crème fraîche in einem Topf erhitzen und untermischen. Gelatine ausdrücken und mit Pinienkernen unterrühren. Salzen, pfeffern und etwas abkühlen lassen.

Schritt 2

3 Die Form mit Öl ausfetten. Möhren- und Kartoffelwürfel unter die Bohnenmasse heben. Die Hälfte der Masse in die Form füllen. Die Artischockenböden darauf legen. Die restliche Masse darübergeben und glattstreichen. Die Terrine mindestens 3 Stunden im Kühlschrank fest werden lassen.

Schritt 3

4 Vor dem Servieren die Form in heißes Wasser tauchen. Die Terrine auf eine Platte stürzen und mit Pinienkernen garnieren.

Zubereiten 1 Std. Kühlen 3 Std.
Pro Portion (6 Portionen):
283 kcal/1184 kJ;
7 g EW; 19 g F; 21 g KH

TYPISCH GRIECHISCH

Auf den griechischen Inseln wird heute etwa ein Drittel des Bruttosozialproduktes Griechenlands durch die Touristikbranche erwirtschaftet. Nach einem anstrengenden Arbeitstag gönnen sich die Inselbewohner in ihrer Lieblingstaverne auch gerne ein Gläschen griechischen Wein, während sie auf das Essen warten.

KOCHTIP

- Die Möhren- und Kartoffelwürfel müssen weichgegart sein. Notfalls können Sie die Kochzeit um etwa 5 Minuten verlängern.
- Eventuell noch die pürierten Bohnen mit einem Holzkochlöffel durch ein feines Sieb streichen, damit auch wirklich eine glatte Masse entsteht.

SERVIERTIP

Vorweg eine kräftige Hühnerbrühe mit Ei und Zitrone binden. Das Suppenhuhn würfeln und in der Brühe servieren.

Den leicht harzig schmeckenden griechischen Landwein »Retsina« zur Terrine anbieten.

Serviertip Als Dessert Joghurt mit Honig servieren. Separat frische Feigen und Datteln dazu reichen.

Das Volksgetränk »Raki« – Anisschnaps, der nach Belieben mit Wasser verdünnt wird – servieren.

*B*LÄTTERTEIGPASTETE »MARMARIS«

TÜRKEI

Hackfleisch und Schafskäse gehen eine delikate Verbindung ein und werden von dünnem Yufka-Teig umhüllt. Piment und Paprikapulver verleihen der Füllung eine süßliche Würze.

ZUTATEN
(Für 1 tiefes Backblech)

- 2 Zwiebeln
- 2 Knoblauchzehen
- 80 g Butter
- 300 g Rinderhackfleisch
- 1 TL edelsüßes Paprikapulver
- ½ TL gemahlenes Piment
- Salz, schwarzer Pfeffer
- 4 EL gehackte Petersilie
- 150 g Schafskäse (siehe Zutatentip)
- 100 ml Milch, 1 Ei
- 500 g Yufka-Teigblätter (siehe Zutatentip)

AUSSERDEM

- Fett für das Blech

ZUTATENTIP

- Am besten türkischen oder bulgarischen Schafskäse verwenden, diese sind im Geschmack besonders würzig.
- Yufka-Teig gibt es in türkischen Lebensmittelläden.

1 Zwiebeln und Knoblauch schälen und fein würfeln. In einer Pfanne die Hälfte der Butter erhitzen. Knoblauch und Zwiebeln darin glasig werden lassen. Hackfleisch dazugeben und krümelig braten. Mit Paprika, Piment, Salz und Pfeffer würzen und 5 Minuten weiterbraten. Dann 2 EL Petersilie untermischen und alles etwas abkühlen lassen.

Schritt 1

2 Schafskäse mit einer Gabel zerdrücken. Restliche Petersilie untermischen. Mit Salz, Pfeffer und Paprika würzen. Übrige Butter in einem Topf zerlassen. Mit Milch und Ei verquirlen. Blech ausfetten. Mit 2 überlappenden Teigblättern so auslegen, daß sie über das Blech hinausragen. Teig mit Eiermilch bestreichen. Backofen auf 200 °C vorheizen.

Schritt 2

3 Übrige Teigblätter halbieren, davon 1 in die Mitte auf das ausgelegte Blech legen. Mit Eiermilch bestreichen. Mit Hackfleisch belegen. Etwas Käse darüberstreuen und 1 weiteres Teigblatt darauf legen. Fortfahren, bis alle Zutaten aufgebraucht sind. Ränder der überstehenden unteren Teigblätter mit Eiermilch bestreichen und über der Pastete zusammenklappen. Pastete mit übriger Eiermilch bestreichen und im Ofen (Gas 3; Umluft 180 °C) 35 Minuten backen.

Schritt 3

Zubereiten **30** Min. Backen **35** Min.
Pro Portion (6 Portionen):
517 kcal/2163 kJ;
18 g EW; 41 g F, 19 g KH

TYPISCH TÜRKISCH

In der türkischen Küche wird Knoblauch bei fast allen Fleisch- und Gemüsegerichten verwendet. Dies ist nicht weiter verwunderlich, wenn man bedenkt, daß die Gruppe der Türk-Völker ebenso wie der Knoblauch aus dem kirgisischen Gebiet in Zentralasien stammt.

Küchen-Lexikon

Auf diesen Seiten finden Sie wichtige Produktinformationen sowie Tips und Tricks für die Zubereitung von Pasteten jeglicher Art.

Blätterteig-Pastetchen

Die kleinen, meist runden Pastetchen werden ohne Füllung gebacken und dann mit einem Ragout gefüllt. Sie sind im Lebensmittelhandel bereits vorgebacken erhältlich oder können beim Bäcker oder Konditor vorbestellt werden. In Frankreich heißen sie Bouchée und werden oft als elegante Vorspeise serviert.

Die Pastetchen benötigen ausreichend Sauce, denn der Blätterteig nimmt sehr viel davon auf.

Hühnermägen

Hühnermägen haben ein dunkelrotes festes Fleisch und ein wunderbares Aroma. Tiefgekühlte Mägen im Kühlschrank auftauen lassen und danach mit heißem Wasser waschen.

Kaviar

Der meist vom Stör stammende Rogen ist in unterschiedlichen Qualitäten im Handel. Man hat unter anderem die Wahl zwischen Osietra mit leicht nussigem Geschmack und dem edlen, aber teureren Beluga. Lecker sind auch der isländische und der rote Forellenkaviar.

Kresse

Die großblättrige Brunnenkresse ist wegen ihrem leicht scharfen Geschmack als Würzkraut sowie in Salaten sehr geschätzt. Die Gartenkresse, die mildere kultivierte Form, erhält man in Kästchen gezogen im Handel. Sie verfeinert Saucen, Salate und kann als Garnitur verwendet werden.

Leber

Wenn Sie Leber zur Bindung einer Farce verwenden, sollten Sie sie am besten kurz anfrosten, damit sie beim Pürieren nicht zu warm wird. Als Einlage in einer Pastetenfüllung brät man sie in Butter nur etwa 1 Minute an. Leber nie vor dem Braten salzen, sonst wird sie zäh.

Madeira

Der Likörwein mit einem Alkoholgehalt von 18 bis 21 Vol.% stammt von der gleichnamigen portugiesischen Insel. Er schmeckt nicht nur als Aperitif, sondern dient auch zum Abschmecken dunkler Saucen, Suppen und Desserts. Madeira ist mit trockenem würzigen oder süßem Geschmack erhältlich und kommt erst nach dreijähriger Lagerung in den Handel.

Majoran

Das Küchenkraut wird noch während der Blüte geerntet und kommt

Pastetengewürz

Ohne die richtigen Gewürze schmecken die Pasteten nur halb so gut!

Eine Grundgewürzmischung für Pasteten gibt es im Handel fertig zu kaufen. Sie können aber auch Ihre eigene herstellen. Gewürzkörner sind dabei stets pulverisierten Gewürzen vorzuziehen, denn sie sind aromatischer. Die Körner können nach Bedarf in der Küchenmaschine gemahlen oder einfach im Mörser zerstoßen werden. Würzmischungen sollten nie länger als sechs Monate aufbewahrt werden, denn sie verlieren schnell ihr Aroma. Je nach gewünschter Geschmacksrichtung können Sie der Universalmischung noch frische Kräuter hinzufügen. Für das Abwiegen eignet sich am besten eine Diätwaage, die im Fachhandel erhältlich ist.

Universalmischung:

je 10 g weiße und schwarze Pfefferkörner, 10 g edelsüßes Paprikapulver, 5 g scharfes Paprikapulver, 5 g Majoran, 8 g Thymian, 8 g geriebene Muskatnuß, 8 g Muskatblüte, 10 g Lorbeerblatt, 10 g Nelken, 8 g Ingwer

frisch oder getrocknet auf den Markt. Sein würziges, leicht bitteres Aroma verfeinert Kartoffelgerichte jeglicher Art sowie Würste und Fleischteige. Es harmoniert sowohl mit Schweinefleisch als auch mit Wild- und Eintopfgerichten. Majoran ist verdauungsfördernd und sollte wegen seiner starken Würzkraft immer nur sparsam verwendet werden.

PÖKELZUNGE

Die gesalzene Rinderzunge muß man vor dem Kochen für mindestens 10 Stunden wässern. Tafelfertige Zungen sind im Handel in Dosen erhältlich.

SCHWEINEBAUCH

Er eignet sich nicht nur zum Füllen, sondern dient auch oft als Bestandteil bei Fleischfarcen, die aus Geflügel und hellem Fleisch hergestellt werden, weil er die Fleischmasse wesentlich saftiger macht.

SELLERIESALZ

Das mit pulverisiertem Knollensellerie gewürzte Salz gibt Speisen eine kräftige Note und sollte sparsam dosiert werden.

TRÜFFEL

Der kostbare Speisepilz ist bei uns fast nur als Konserve erhältlich. Unter seiner etwas schrumpeligen Haut verbirgt sich ein intensives Aroma. Er ist für Pasteten wie geschaffen. Die besten schwarzen Trüffeln kommen aus dem französischen Perigord, die weißen aus Alba in Italien.

WACHOLDERBEEREN

Die würzigen Beeren des Wacholderbeerstrauches kommen aus Südeuropa, vor allem aus Italien. Sie wachsen aber auch in Deutschland. Die dunklen Beeren sind wegen ihres Aromas bei Sauerkraut und Wildgerichten nicht wegzudenken und würzen Saucen sowie Marinaden mit dunklem Fleisch. Wenn Sie die Beeren mit der Messerklinge leicht quetschen, dann entfalten sie noch mehr Aroma.

RUND UM PASTETEN UND TERRINEN

Damit Ihre Pasteten und Terrinen problemlos gelingen, gibt es einige nützliche Hilfen.

Auffüllen

Die Füllung von Pasteten kann beim Backen zusammenfallen. Dadurch entsteht ein Hohlraum. Nach dem Erkalten der Pastete flüssiges Gelee durch die Öffnung füllen. Das gibt der Pastete zusätzlichen Halt und Geschmack.

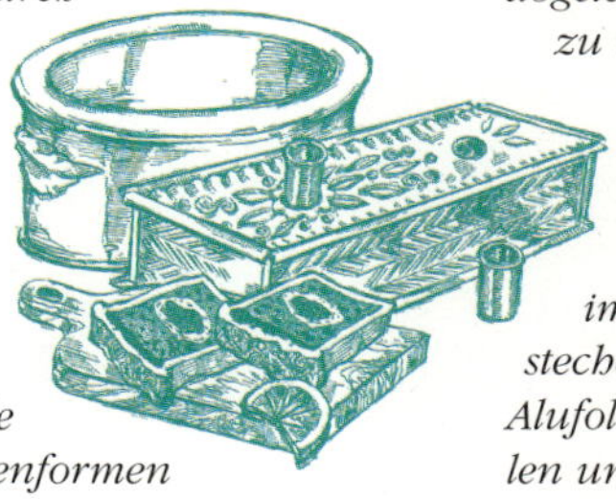

Formen

Gut eignen sich rechteckige oder ovale Pasteten- und Terrinenformen aus Metall mit abnehmbarem Rand. Dadurch entfällt das Stürzen. Sie können aber auch gewöhnliche Kastenformen nehmen. Im Fachhandel gibt es auch Formen mit passendem Deckel. Darin befindet sich eine winzige Öffnung, wodurch der Dampf entweichen kann.

Garprobe

Mit einer dünnen Nadel durch die Öffnung im Teigdeckel bis zur Mitte der Pastete oder Terrine stechen. Wenn daran keine Teigreste kleben bleiben, ist die Masse fertig gegart.

Kamin

Der beim Garen entstehende Dampf muß abgeleitet werden. Dazu mit einem Messer oder einem runden Förmchen eine etwa 2 cm große Öffnung im Teigdeckel ausstechen, einen Streifen Alufolie zusammenrollen und als »Kamin« hineinstecken.

Pastetenteige

Hervorragend eignen sich Mürbe- oder Knetteig, Blätterteig sowie Hefe- oder Briocheteig. Nudel- und Brandteig hingegen eignen sich weniger für die feine Pastetenbäckerei.

MENÜVORSCHLÄGE

Mit einer edlen Terrine, Pastete oder Timbale als Vorspeise wird aus jedem Essen ein Festtagsmenü, und mit unserer landestypischen Menüzusammenstellung liegen Sie genau richtig.

GROSSBRITANNIEN

KALBFLEISCH-SCHINKEN-PASTETE 6/7
Überbackener Gemüseauflauf
Orangenplätzchen

BRITISCHE GEFLÜGELTERRINE 8/9
Gegrillte Rinderrippchen
Eierlikör-Pudding

NORWEGEN

LACHSMOUSSE MIT KAVIAR 10/11
Grünkohleintopf
Sauerrahmwaffeln

DÄNEMARK

LEBERTERRINE IM SPECKMANTEL 12/13
Bornholmer Omelett
Vanilleringe

DEUTSCHLAND

MÖHRENTERRINE MIT BROKKOLI 14/15
Maischolle in Mandelkruste
Sauerkirschkompott

ÖSTERREICH

GEMÜSEGUGELHUPF AUS DEM BURGENLAND 16/17
Wildleberragout
Topfenschnitten

TSCHECHIEN

WALDPILZTERRINE PRAGER ART 18/19
Karpfen auf Gemüsebett
Schokoladen-Oblaten

RUSSLAND

RUSSISCHE KOHLPASTETE 20/21
Kiewer Hühnerkotelett
Quark mit Mandarinen

FISCHTERRINE »DONKOSAKEN« 22/23
Ochsenschwanz mit Buchweizen
Pfannkuchen mit Beeren

VIETNAM

GLASNUDELPASTETCHEN AUS SAIGON 26/27
Enteneintopf mit Klößchen
Litschi-Ingwer-Eis

INDONESIEN

FISCHPASTETE MIT KOKOSMILCH 28/29
Balinesisches Brathuhn
Geröstete Kokosflocken

AUSTRALIEN

SPARGELTIMBALE MIT SALAT 30/31
Rehrücken mit Portwein
Mokka-Soufflé

Rezeptregister

Impressum

Redaktion: Förstner & Knophius GmbH
Rezepte: Stefan Pallmers
Illustrationen: Beate Brömse

Bildnachweis
Alle Titel- und Rezeptfotos:
Meister Verlag/International Masters Publisher B.V.
Michel Brauner, Chris Meier, Walter Pfisterer
Einleitung: 4 oben Bilderberg, Grames; 4 unten Schapowalow, Huber; 4/5 oben Schapowalow, Atlantide; 4/5 unten The Image Bank, Hamilton; 5 oben The Image Bank, Banagan; 5 unten The Image Bank, Chinami
Fotos zu den »Typisch-Abschnitten«: 6 The Image Bank, von Faint; 9 Visum, Modrow; 10 Visum, Beer; 12 Look, Galli; 14 Bilderberg, Blickle; 16 Bilderberg, Francke; 18 A. von Spreti; 21 The Image Bank, Dunwell; 22 Schapowalow, Backhaus; 26 Visum, Wolf; 28 Bilderberg, Ellerbrock; 31 Bilderberg, Horacek; 32 Bilderberg, Ginter; 34 The Image Bank, Newman; 36 The Image Bank, Villaseca; 39 Bilderberg, Boisvieux; 40 Schapowalow, Scholz; 44 Look, Richter; 46 Bilderberg, Boisvieux; 48 Look, Heeb; 51 Bilderberg, Boisvieux; 52 A. von Spreti; 54 Bilderberg, von Forster; 56 Visum, Euler; 59 The Image Bank, Mascardi

Reproduktionen: Meyle + Müller Medien-Management, 75172 Pforzheim
Computer to plate: S-B-P-S GmbH Kirchberg
Druck und Weiterverarbeitung: Sebald Sachsendruck, Plauen

ISBN 3-88477-049-7